AF306030

BUREAU INTERNATIONAL
DU TRAVAIL

Juillet 1922

Etudes et Documents, N° 11
Série B. — Conditions économiques

L'ORGANISATION DE L'INDUSTRIE
ET LES CONDITIONS DU TRAVAIL

DANS LA

RUSSIE DES SOVIETS

GENÈVE

IMPRIMERIE ALBERT RENAUD, GENÈVE

PRÉFACE

Le Bureau international du Travail a, dès son origine, porté son attention sur les conditions du travail dans la Russie des Soviets. Son service des « Etudes russes », constitué d'abord sous la direction du Docteur Guido Pardo, et composé de quelques spécialistes de ces études, a réuni, depuis deux ans, une documentation abondante. Cette documentation avait été mise par le Conseil d'administration du Bureau à la disposition de la Conférence de Gênes. Elle a servi à répondre aux demandes d'informations que des experts de différents pays nous avaient adressées. Elle servira à un exposé d'ensemble sur les conditions du travail en Russie qui sera le complément du *Questionnaire méthodique* déjà publié par nous en 1920.

Mais, à l'heure où des négociations se poursuivent entre les différents pays d'Europe et la Russie pour la restauration économique de ce pays et pour le rétablissement de relations commerciales et industrielles avec lui il nous a semblé qu'il pouvait être utile de mettre immédiatement à la disposition et des négociateurs et du public un bref tableau, strictement objectif et documentaire, des prescriptions législatives qui régissent l'industrie et le travail dans la Russie des Soviets.

Il est à peine besoin de justifier l'intérêt d'une telle publication. Elle a été distribuée en épreuves aux sous-commissions de la Conférence de La Haye. Les président et rapporteurs de cette Conférence ont bien voulu publiquement remercier le Bureau du précieux concours qu'il leur avait ainsi apporté.

Il nous suffira de rappeler en quelques mots quels problèmes actuellement posés devant les gouvernements et rentrant dans la compétence du Bureau international du Travail ont inspiré et déterminé le plan de la présente étude.

* * *

Le Conseil suprême réuni à Cannes en janvier 1922 avait stipulé que le relèvement économique de la Russie avec l'aide de l'Europe ne serait possible que si le Gouvernement des Soviets acceptait un certain nombre de conditions.

Les conditions, concernant à la fois les dettes et l'établissement d'industries étrangères en Russie, ainsi que le régime du travail dans ces industries, et que les Etats alliés ont crues indispensables, ont été formulées par la Commission des experts qui a siégé à Londres du 20 au 28 mars 1922.

Rappelons brièvement les plus importantes de ces conditions qui ont trait à l'industrie étrangère ou au travail :

Aux termes des conclusions de la Commission, « des mesures efficaces seront nécessaires pour assurer la liberté d'action ·des employeurs et des employés ainsi que la protection de leurs opérations industrielles et de leurs capitaux » (Section I. Préambule).

« Les étrangers séjournant en Russie devront être exempts de toute espèce de service obligatoire ainsi que de toutes contributions, quelles qu'elles soient, imposées en remplacement des services personnels » (art. 10).

« Les étrangers devront jouir de toute la protection et de tous les droits et facilités qui leur seront nécessaires pour pouvoir se livrer à tous commerce, profession ou occupations autorisés en conformité avec la pratique ordinaire des Etats ; ils ne devront être soumis à aucune mesure de discrimination ni à aucune restriction en raison de leur nationalité. Ils ne devront pas être contraints de s'affilier à aucune organisation locale » (art. 12). « Aucune discrimination au détriment des ouvriers employés dans des entreprises appartenant à des étrangers ou dirigées par des étrangers ne sera faite en ce qui concerne le service militaire ou le travail obligatoire ; aucune taxe de remplacement ne devra être imposée à cet égard » (art. 13).

« Les étrangers devront avoir les facilités appropriées pour voyager par les chemins de fer, routes et voies d'eau en Russie, ainsi que pour y faire transporter leurs biens et marchandises » (art. 14)

« Les étrangers qui entreront en Russie pour y exercer leur profession, commerce, industrie ou métier, seront libres d'importer les vivres, vêtements et outillage qui leur seront personnellement nécessaires et qui ne pourront faire l'objet d'aucune sorte de réquisition » (art. 22).

« Ils pourront, dans les mêmes conditions, importer les vivres et vêtements pour l'usage exclusif du personnel et des ouvriers employés par eux, tant russes qu'étrangers ; il en sera de même notamment pour les médicaments, objets de pansements, etc., dont ils auront besoin pour eux-mêmes et pour leur personnel » (art. 22).

Enfin, en ce qui concerne spécialement les conditions du travail et l'activité des entreprises des étrangers, la Commission des experts à Londres propose : « Les entreprises appartenant à des étrangers ou dirigées par eux seront exploitées dans des conditions de complète liberté, y compris la liberté d'engagement et de congédiement des ouvriers, sous réserve de l'application des lois d'hygiène et de travail, conformément à la pratique générale des autres pays. En cas de besoin, les salaires seront fixés par des commissions paritaires » (art. 25).

* * *

On sait comment se déroula la Conférence de Gênes.

Elle n'eut pas le loisir d'aborder en détail les questions contenues dans le rapport des experts de Londres. En particulier, même dans les memoranda échangés entre les délégations, il ne fut pas question du paragraphe 25 qui concernait directement les conditions du travail.

A La Haye, les négociations ont repris et se sont poursuiviès pendant quelques semaines sans aboutir encore à des ententes précises. Mais la porte est demeurée ouverte. Tôt ou tard, le problème des conditions du travail dans les entreprises étrangères qui pourront se reconstituer en Russie devra être abordé.

Dans quelles conditions pourra-t-il l'être ?

Dans quelle mesure, étant donné les principes de sa législation, le Gouvernement des Soviets acceptera-t-il les conditions posées par les experts ou des conditions analogues ?

Dans quelle mesure ces conditions s'adapteront-elles à la législation existante ; ou dans quelle mesure, au contraire, de véritables dérogations devront-elles être prévues ?

Par quelles garanties la « pratique générale des autres pays » dont il est question à l'article 25 devra-t-elle être assurée ? Et comment, en particulier, le respect des principes généraux consacrés dans la partie XIII du traité de paix sera-t-il obtenu ?

Autant de questions dans lesquelles il ne nous appartient pas d'entrer ici.

Mais il est absolument indispensable, pour qu'elles soient traitées avec certitude et chance de solution, qu'une connaissance, la plus exacte possible, des conditions générales de la législation soviétique soit possédée par les négociateurs.

Le présent travail a précisément pour but de contribuer à cette connaissance.

* * *

Tous ceux qui ont cherché à réunir sur la législation soviétique quelques documents précis se rendront compte de la difficulté immense d'un pareil effort. Non seulement la législation soviétique a été en elle-même et de tout temps incertaine et mouvante ; non seulement la conception même de la loi ne semble pas en ce pays parfaitement équivalente à celle qu'on en a dans les autres pays ; mais encore la nouvelle politique économique du Gouvernement a modifié profondément toutes les précédentes dispositions depuis mars 1921.

Quelles sont celles des anciennes conditions établies au temps du communisme intégral qui subsistent encore aujourd'hui ? Qu'est-ce qui a été supprimé ? Quelles règles nouvelles ont été créées ?

C'est seulement après avoir tenté cette analyse que l'on pourra présenter un tableau à peu près exact des conditions générales de l'industrie et du travail en Russie.

* * *

Les données et les informations fournies dans la présente brochure sont prises uniquement aux sources soviétiques, actes législatifs ou statistiques reproduits sans aucun commentaire ni critique.

Il nous a paru impossible de tenter même de préciser jusqu'à quel point telle loi est appliquée ou ne l'est pas. L'intérêt, nous le répétons, n'est pas là. Il est seulement de fournir, à ceux qui cherchent à garantir à la fois les droits des travailleurs étrangers et russes et les droits des employeurs étrangers, la possibilité ou d'utiliser la législation soviétique actuelle, ou de demander les dérogations nécessaires.

La politique du Gouvernement des Soviets ayant eu plus que jamais, dans la dernière période, ce caractère changeant et mouvant que nous signalions tout à l'heure ; la juridiction concernant l'industrie et les conditions du travail se transformant à tout instant, un nouveau code du travail étant encore en préparation à l'heure actuelle, il est bien certain que toute étude de la nature de celle que nous présentons ici ne peut avoir qu'un caractère tout à fait provisoire.

Nous spécifions que notre information comprend tous les documents législatifs, dispositions législatives ou réglementaires jusqu'au milieu d'avril, parfois jusqu'au début de mai 1922. Elle donnera néanmoins une compréhension suffisante de la nouvelle politique du Gouvernement des Soviets.

Si cet effort est reconnu utile, des publications ultérieures compléteront le présent exposé.

Nous ne donnons dans la présente brochure aucune indication sur la vaste bibliographie qui a pu être utilisée. Presque en même temps que le présent volume paraîtra une bibliographie méthodique également élaborée par nous. Nous nous sommes contentés ici de renvoyer exclusivement aux actes législatifs.

21 juillet 1922.

PREMIÈRE PARTIE

L'organisation de l'industrie.

INTRODUCTION

La nouvelle politique économique.

A la fin du mois de mars 1921 le Gouvernement des Soviets s'est engagé dans la voie de la « nouvelle politique économique » qui allait exercer son influence sur toutes les branches de l'économie nationale.

En substituant au prélèvement forcé des vivres, d'abord de multiples impôts en nature, ensuite l'impôt unique en nature, le gouvernement soviétique changea les bases de sa politique de ravitaillement alimentaire. En établissant de nouveaux règlements prévoyant dans certains cas l'affermage des entreprises de l'Etat, dans d'autres la réorganisation de l'industrie gérée directement par l'Etat, il modifia profondément sa politique de nationalisation ; par le rétablissement du système des impôts et du payement des services rendus par les institutions d'Etat et d'intérêt public, il transforma sa politique financière.

En même temps il rétablit le système des crédits par la réouverture de la Banque d'Etat, qui fut autorisée à reprendre ses opérations de prêts et de dépôts avec les particuliers et les institutions privées. Il rendit aux particuliers le droit de vendre et d'acheter sur le marché libre les objets de première nécessité ; il déclara libre l'organisation des coopératives et rétablit la coopération de crédit ainsi que la Banque coopérative de consommation.

Au centre de toutes ces réformes cependant se trouve la nouvelle politique industrielle qui détermine en premier lieu le régime des conditions du travail, la. situation des syndicats et les relations mutuelles entre l'administration ou l'entreprise et les ouvriers qui y sont occupés.

CHAPITRE PREMIER

Gestion et organisation de l'industrie.

Législation en vigueur.

La nouvelle organisation de l'industrie est régie à l'heure actuelle par les textes suivants :

La nouvelle politique économique.

1. Résolutions du IXme Congrès panrusse des soviets du 24 au 28 décembre 1921.

2. Ordre du Conseil des commissaires du peuple du 9 août 1921 sur l'application des principes de la nouvelle politique économique.

3. Décret du Comité central exécutif panrusse et du Conseil des commissaires du peuple du 10 décembre 1921, concernant la nationalisation de l'industrie.

La petite industrie.

4. Les arrêtés du Conseil des commissaires du peuple du 17 mai 1921 sur les directives à suivre par les organes du pouvoir en ce qui concerne la petite industrie, l'industrie familiale et les coopératives agricoles familiales.

5. Décret du Conseil central exécutif panrusse et du Conseil des commissaires du peuple du 7 juillet 1921 sur la petite industrie et l'industrie à domicile.

La grande industrie.

6. Dispositions générales arrêtées par le Conseil du travail et de la défense du 12 août 1921 sur les mesures propres à rétablir la grande industrie, à relever et à développer la production.

7. Arrêté du Comité central exécutif panrusse du 16 août 1921 sur l'extension des droits des entreprises d'État en ce qui concerne la gestion financière, le ravitaillement et la vente de leurs produits.

8. Arrêté du Conseil des commissaires du peuple du 27 octobre 1921 concernant les droits des entreprises d'Etat en matière d'opérations commerciales.

9. Décret du Conseil suprême de l'économie nationale du 6 février 1922 sur l'approvisionnement des entreprises par l'Etat.

10. Les statuts de la Banque d'Etat de la République socialiste fédérative des soviets de Russie du 13 octobre 1921.

L'affermage.

11. Arrêté du Conseil des commissaires du peuple du 5 juillet 1921 sur l'affermage des entreprises dépendant du Conseil suprême de l'économie nationale.

12. Instruction du Conseil suprême de l'économie nationale du 19 juillet 1921 sur l'application dudit arrêté du Conseil des commissaires du peuple du 5 juillet 1921.

13. Instruction du Conseil suprême de l'économie nationale du 6 avril 1922 concernant l'affermage.

14. Décret du Comité central exécutif du 25 octobre 1921 prescrivant à toutes les entreprises affermées de renseigner le Comité central exécutif sur la marche de leurs travaux.

15. Arrêté du Conseil des commissaires du peuple du 14 novembre 1921 concernant le fermage.

16. Décret du 15 décembre 1921 complétant le précédent arrêté.

17. Arrêté du Conseil des commissaires du peuple du 9 janvier 1922 réglementant le payement en nature pour les moulins affermés.

Les concessions.

18, Décret du Conseil des commissaires du peuple du 23 novembre 1920 sur les concessions.

A côté de ces textes qui sont déjà entrés en vigueur et qui nous éclairent sur la situation présente, il faut citer un certain nombre de projets qui fournissent des indications sur l'orientation et les tendances de la nouvelle politique économique. Tels sont :

1. Le projet de décret du 14 février 1922 concernant l'organisation et les droits des entreprises de l'Etat.

2. Les projets de lois relatifs aux droits sur les biens, les projets de codes civil et criminel et le projet de loi sur les tribunaux soumis à l'approbation du Comité exécutif central panrusse le 13 mai 1922.

§ 1. Maintien du principe de la nationalisation.

De l'étude des textes mentionnés ci-dessus il résulte que la « nouvelle politique économique » maintient à la base de l'organisation de l'industrie le principe de la nationalisation. Il n'y a aucun décret qui ait annulé ou modifié à ce point de vue celui du 28 juin 1918 sur la nationalisation des entreprises industrielles. Même après l'inauguration de la nouvelle politique économique, les entreprises continuent à appartenir à l'État dans tous les cas non prévus expressément.

§ 2. La petite industrie, l'industrie a domicile et les artisans.

Une exception a été apportée à cette règle par le décret du 7 juillet 1921 du Comité central exécutif, qui a repris et complété l'arrêté du Conseil des commissaires du peuple du 17 mai 1921. Ce décret exempte, pour l'avenir, de la nationalisation ou de la municipalisation, toutes les entreprises de la petite industrie, c'est-à-dire n'employant pas plus de vingt personnes (art. 5), et a déclaré que tout citoyen ayant atteint l'âge de dix-huit ans pourrait exercer librement le métier d'artisan *(Koustar)* et organiser une petite entreprise industrielle (art. 1). Le même décret accorda aux artisans et aux propriétaires de petites entreprises industrielles, exemptes de nationalisation, le droit de disposer librement des produits fabriqués par eux et, dans la limite des lois et règlements existants, d'acheter les matières premières, les matériaux, les instruments et l'outillage qui leur seraient nécessaires (art. 4). L'article 5 étendait ces règles concernant la petite industrie aux coopératives ouvrières de production : « Les entreprises des sociétés coopératives de production ainsi que les produits qu'elles fabriquent, les matériaux, les matières premières et l'outillage qu'elles possèdent dans un but de production, ne sont soumis ni à la nationalisation, ni à la municipalisation. »

Il faut remarquer cependant que l'arrêté du Conseil des commissaires du peuple du 17 mai 1921, qui avait abrogé le décret du 29 novembre 1920 sur la nationalisation des entreprises, avait maintenu la nationalisation effectuée avant le 17 mai 1921 et que ce maintien fut confirmé, même en ce qui concerne la petite industrie, l'industrie à domicile et les artisans, par décret du 10 décembre 1921. Mais une réserve importante était apportée à cette disposition. Il fut décidé, en effet, que pour rester soumises à la nationalisation il fallait que les entreprises de cette catégorie eussent été *effectivement* nationalisées avant le 17 mai 1921. Or, la nationalisation ne devait être considérée comme « effective » que dans l'un des cas suivants : a) si l'entreprise avait été adoptée par les organes gouvernementaux, moyennant « acte de réception » ou un document équivalent ; b) si l'administration de l'entreprise avait été organisée ou si un gérant avait été nommé ; c) si les dépenses d'exploitation ou de protection de l'entreprise étaient, de fait, supportées par l'Etat.

Dans tous les autres cas les petites entreprises seraient consi- érées comme appartenant à leurs anciens propriétaires et pourraient être exploitées par ces derniers (art. 3). En outre, le même décret prévoyait que les entreprises de la petite industrie et des artisans pourraient être rendues à leurs anciens propriétaires si la nationalisation en avait été effectuée sans l'autorisation du Conseil suprême de l'économie nationale (art. 4).

Les entreprises de l'industrie à domicile et les petites entreprises employant moins de vingt ouvriers qui ne sont pas effectivement exploitées par l'Etat ne peuvent être restituées à leurs anciens propriétaires que sur la demande de ceux-ci, par décision du presidium du Conseil suprême de l'économie nationale et avec l'autorisation des Conseils locaux de l'économie nationale (art. 5).

La situation de la petite industrie, de l'industrie à domicile et des artisans peut donc être résumée comme suit :

1. Les entreprises *effectivement* nationalisées avant le 17 mai 1921 restent nationalisées..

2. Les entreprises non effectivement exploitées par l'Etat ou nationalisées sans l'autorisation du Conseil suprême de l'économie nationale, sont ou peuvent être dénationalisées et exploitées par leurs anciens propriétaires.

3. Toutes les autres entreprises sont déclarées exemptes de nationalisation ou de municipalisation.

§ 3. LA GRANDE INDUSTRIE ET L'INDUSTRIE MOYENNE.

En ce qui concerne la grande et la moyenne industrie, le principe de la nationalisation est resté intact. L'arrêté du dernier (IXme) congrès des soviets (24-28 déc. 1921) « relatif à la nouvelle politique économique et à l'industrie » confirme que la grande industrie doit rester sous la direction immédiate de l'Etat et de ses organes. Mais, vu les difficultés rencontrées dans l'exploitation de ces entreprises, le gouvernement des soviets en a modifié assez profondément l'organisation et l'administration.

Vers le milieu de l'été de 1921 l'Etat s'est trouvé dans l'impossibilité de s'acquitter de sa tâche vis-à-vis des entreprises industrielles qu'il devait approvisionner en matières premières, en combustible et en denrées alimentaires pour les ouvriers. Le *Nakaze* (instruction) du Conseil des commissaires du peuple, en date du 9 août 1921, concernant l'application de la nouvelle politique, indique que « la situation difficile de l'économie nationale est devenue particulièrement critique en raison de la crise de ravitaillement alimentaire, qui a provoqué une dépression brusque dans un grand nombre de branches de l'économie nationale, même comparativement à 1920. »

L'instruction établit les causes suivantes de cette situation :

a) L'Etat soviétique était obligé de diriger un nombre énorme d'entreprises de tous genres, dont les besoins ne correspondaient nullement aux ressources en matières premières et en denrées alimentaires dont il disposait, et comme il lui était impossible d'employer rationnellement ces ressources, celles-ci furent dilapidées.

b) Le soin de ravitailler les entreprises fut dispersé entre diverses institutions, d'où anarchie et irresponsabilité. De plus, l'importance du ravitaillement ne correspondait pas à la productivité de chaque entreprise.

c) Etant donné ces méthodes et les systèmes adoptés pour la rétribution du travail, les personnes participant à la production n'étaient pas, et ne pouvaient pas être, intéressées aux résultats de leur travail et à l'amélioration des moyens de production.

d) Par suite des trois années de guerre et de la ruine du pays, il fut impossible d'établir et d'exécuter un plan économique d'ensemble qui aurait pu embrasser et unifier les diverses branches de l'économie nationale [1].

Ces divers motifs décidèrent le gouvernement des soviets à prendre les mesures suivantes :

1° Il groupa sous la direction immédiate du Conseil suprême de l'économie nationale et de ses organes locaux, les diverses branches de la production et un certain nombre de grandes entreprises qui pour une raison quelconque sont de première importance pour l'Etat, ainsi que les entreprises qui les complètent ; ces entreprises doivent être gérées sur une base commerciale. 2° Les autres entreprises ne furent plus ravitaillées et durent s'adresser au marché libre pour s'approvisionner. 3° Ces entreprises purent aussi être affermées.

Le décret du 23 novembre 1920 a prévu, d'autre part, la possibilité de concéder certaines entreprises nationalisées ou des biens de l'Etat à des étrangers et en a établi les conditions. Enfin, la pratique a eu pour résultat la création de toute une série de sociétés du type de la société par actions, mais présentant un caractère mixte du fait que l'Etat y participe obligatoirement.

En résumé, on peut dire que les entreprises de la moyenne et de la grande industrie sont toutes restées nationalisées et se subdivisent, en ce qui concerne leur administration ou leur organisation, en six groupes :

1° les entreprises gérées par l'Etat et entièrement ravitaillées par lui ;

2° les entreprises gérées par l'Etat et partiellement ravitaillées par lui ;

3° les entreprises gérées par l'Etat mais non ravitaillées par lui ;

4° les entreprises non ravitaillées par l'Etat et affermées ;

5° les entreprises et biens nationalisés pouvant être concédés à des étrangers ;

6° les entreprises et biens nationalisés exploités sous forme de sociétés par actions de caractère mixte.

-----

[1] *Izvestia*, 11 août 1921. Ces mêmes motifs sont également indiqués dans la brochure publiée par la délégation soviétique à Gênes : *Des droits individuels et de propriété des citoyens de la République socialiste fédérative des soviets en Russie*. Edition du Commissariat de la Justice. Il est dit dans cette brochure : « Le gouvernement des Soviets, reconnaissant que bien des entreprises nationalisées en masse en 1919 et 1920 ne pouvaient pas être exploitées par l'Etat par suite du manque de combustible et de l'usure de l'outillage, décida de concentrer son attention et toutes ses ressources matérielles et financières sur un petit nombre d'entreprises choisies parmi les plus importantes et les plus nécessaires à l'Etat. »

CHAPITRE II

L'organisation de l'industrie nationalisée, gérée par l'Etat[1].

§ 1. FORMATION DES « TRUSTS D'ETAT ».

L'arrêté du IXme Congrès des soviets qui s'est tenu du 24 au 28 décembre 1921 a établi le principe fondamental suivant pour la politique industrielle :

Le développement de la grande industrie de l'Etat comme base de la dictature du prolétariat exige qu'on lui réserve la plus grande partie des ressources de l'Etat et que celles-ci soient distribuées de manière à assurer la production ininterrompue de ces entreprises.

Jadis, l'industrie nationalisée était réunie sous la direction des *glavki*, c'est-à-dire des administrations centrales créées auprès du Conseil suprême de l'économie nationale, au nombre de cinquante-neuf. Vers le commencement de l'année 1921 il était devenu tout à fait évident que ce système d'administration des entreprises de l'Etat avait fait faillite. A la fin de l'année, les anciens *glavki* étaient dans la plupart des cas supprimés et remplacés par seize administrations centrales nouvelles. Les *glavki* semblent avoir été condamnés par le IXme Congrès des soviets ; on lit, en effet, au paragraphe 8 des décisions du congrès :

Considérant que la nouvelle politique économique constitue au fond la négation des formes *glavkistes* de l'administration des entreprises, il est nécessaire de lutter énergiquement contre toute tentative de renaissance de ces méthodes d'administration industrielle[2].

Le IXme Congrès des soviets a voté d'autre part les résolutions suivantes :

Au point de vue économique et technique la meilleure méthode à suivre pour organiser l'administration de l'industrie de l'Etat est de grouper dans chaque département ou dans chaque région toutes les entreprises similaires ou complémentaires ; parfois ce groupement doit se faire sur une base nationale. C'est au Conseil suprême de l'économie nationale qu'il appartient de former ces unions centrales et régionales des entreprises de l'Etat.

Les entreprises de l'Etat ou leurs unions, dont l'administration est confiée aux soviets locaux ou fédéraux, continuent à être soumises au contrôle des comités exécutifs départementaux et ne peuvent être confiées aux unions régionales qu'à la suite d'un accord avec le Conseil suprême de l'économie nationale, et en cas d'absence de cet accord, par la décision du presidium du Comité central exécutif panrusse.

C'est sur la base de ces résolutions qu'ont été constituées les unions appelées « trusts d'Etat ».

---

[1] Voir Annexe I.

[2] *Izvestia*, 31 décembre 1921.

§ 2. Administration des « Trusts d'Etat ».

Les principes de l'organisation de l'industrie nationalisée gérée par l'Etat sont indiqués dans les dispositions générales arrêtées par le Conseil du travail et de la défense le 12 août 1921 sur les mesures propres à rétablir la grande industrie, à relever et développer la production. D'après ces dispositions, les entreprises les plus considérables, les mieux outillées, le plus rationnellement organisées et les mieux situées d'une branche donnée de la production peuvent s'unir à un groupement particulier (art. 1). Les règlements concernant de pareilles unions d'entreprises doivent être approuvés par le presidium du Conseil suprême de l'économie nationale, d'accord avec le presidium du Conseil central panrusse des syndicats (art. 8).

L'administration des groupements unifiés est organisée ou bien dans le sein de l'Administration centrale *(glavk)*, ou bien près le Conseil départemental de l'économie nationale. Les administrations des unions centrales sont nommées par le presidium du Conseil suprême de l'économie nationale sur proposition de l'Administration centrale et du Comité central du syndicat correspondant ; celles des unions régionales, par le presidium du Conseil départemental de l'économie nationale, d'accord avec la section départementale du syndicat correspondant (art. 2).

L'administration de l'union ou de l'entreprise présente à l'organe suprême correspondant le projet d'un budget et d'un plan de production (art. 4). L'administration reste sous le contrôle des organes suprêmes et porte l'entière responsabilité du plan de production, de la qualité des produits livrés, du bon état de l'entreprise, de ses ressources et installations, etc. ; elle répond de ses actes, non seulement devant les autorités administratives, mais aussi devant les tribunaux (art. 7).

D'après les résolutions du IXme Congrès des soviets, les unions de la grande industrie de l'Etat dépendent du Conseil suprême de l'économie nationale, par l'intermédiaire des administrations centrales ou départementales qui existent pour les diverses branches de l'industrie près le Conseil suprême de l'économie nationale ou les bureaux industriels régionaux.

Au fur et à mesure que les entreprises se grouperont en unions, le personnel et les fonctions des administrations centrales devront être réduits ; celles-ci n'auront plus qu'à réglementer la direction générale et le contrôle des unions ainsi que leur ravitaillement par l'Etat. Quant aux administrations industrielles départementales, elles eront liquidées et transformées en sections du Service général de production près les Conseils départementaux de l'économie nationale [1].

---

[1] *Izvestia*, 31 décembre 1921.

De cette façon, les entreprises industrielles qui continuent à être gérées par l'Etat sont soumises à la fois aux organes locaux, régionaux et centraux suivants :

I. — 1. Le Conseil local de l'économie nationale ;
    2. La Conférence locale de l'économie nationale ;
    3. Le Comité exécutif du soviet local.

II. — 1. Le Conseil départemental de l'économie nationale ;
    2. La Conférence de l'économie nationale départementale ;
    3. Le Comité exécutif du soviet départemental ;
    4. Le Bureau industriel régional ;
    5. La section du Service de production près le Conseil départemental de l'économie nationale.

III. — 1. L'Administration centrale auprès du Conseil suprême de l'économie nationale ;
    2. Le presidium du Conseil suprême de l'économie nationale ;
    3. Le presidium du Comité central exécutif panrusse ;
    4. Le Service de production auprès du Conseil suprême de l'économie nationale.

IV. — 1. La Commission des projets et plans de l'Etat ;
    2. Le Conseil du travail et de la défense ;
    3. Le Commissariat des finances ;
    4. Le Commissariat du ravitaillement ;
    5. Le Commissariat du commerce extérieur.

Tous ces organes sont nécessaires pour mettre l'entreprise en mouvement, pour grouper les entreprises en unions et pour régler à tout moment leur activité.

Nous pouvons juger de l'organisation de ces unions ou « trusts » par un règlement-type sur les trusts de l'industrie textile, publié par l'administration centrale de cette industrie et obligatoire pour toutes les unions de cette catégorie.

D'après ce règlement, les fonctions de la réglementation générale de toute l'industrie appartiennent à l'administration centrale. Le contrôle plus proche et plus détaillé incombe aux Conseils locaux de l'économie nationale.

Les directions (administrations) des trusts sont nommées par les Conseils départementaux de l'économie nationale, d'accord avec la section départementale du syndicat des ouvriers de l'industrie du textile, et sous réserve de l'approbation du Conseil suprême de l'économie nationale, donnée après entente avec le Comité central du syndicat des ouvriers de l'industrie textile.

Ces directions sont nommées pour une période de deux ans ; après ce délai, l'administration industrielle ou certains de ses membres peuvent être déposés soit directement par le presidium du Conseil suprême de l'économie nationale, soit par le Conseil suprême de l'économie nationale sur proposition du Conseil départemental de l'économie nationale ou de l'Administration centrale (*glavk*).

Les directions des trusts doivent conformer leur gestion aux indications du *Glavtextile* (administration centrale de l'industrie textile) ; toutefois, elles ont le droit de protester contre ses ordres auprès du presidium du Conseil suprème de l'économie nationale [1]

D'après le règlement du *Yougostal* (union des usines métallurgiques du sud de la Russie), la direction de ce trust comprend un directeur-gérant, son remplaçant et trois directeurs chargés respectivement des branches métallurgique, minière (charbon) et commerciale. Ils sont nommés par le Conseil suprême public de l'Ukraine, d'accord avec le syndicat des métallurgistes [2].

La direction du trust des filatures de lin est un organe de l'administration centrale de l'industrie textile ; elle est composée de cinq personnes au maximum et de deux candidats nommés par le presidium du Conseil suprême de l'économie nationale, sur proposition de l'administration centrale de l'industrie textile et du comité central du syndicat ouvrier de cette industrie. Cette direction suit les instructions de l'administration centrale, tout en ayant le droit de protester contre ses ordres auprès du presidium du Conseil suprême de l'économie nationale [3].

L'organisation des trusts est presque toujours identique. Il y a cependant quelques cas spéciaux ; remarquons par exemple que le trust du coton est soumis directement au Conseil du travail et de la défense.

§ 3. LES DIFFÉRENTS TYPES DE TRUSTS D'ETAT.

Au point de vue de leur composition, tous les trusts peuvent être groupés en quatre catégories correspondant chacune à un type spécial [4]. Ce sont :

1o les trusts qui unifient toute une branche de l'industrie et qui ont le monopole de la vente, tels que les trusts du sucre, du caoutchouc, des produits pharmaceutiques ;

2o les trusts qui embrassent les entreprises du même genre, dans une même région, tels que les trusts des forêts et des mines ;

3o les trusts qui groupent des entreprises de divers genres dans une même région, par exemple : les trusts textiles ; le *Combinat* (trust combiné) de Bogoslavl, dans l'Oural ; le *Yougostal* ;

4o les trusts qui groupent des entreprises différentes disséminées sur tout le territoire de la République des soviets, les produits de certaines entreprises étant acheminés vers d'autres pour y être travaillés.

---

[1] *Novy Mir*, 10 décembre 1921.
[2] *Novy Mir*, 18 janvier 1921.
[3] *Economitcheskaia Jizn*, no 278, 1921.
[4] *Economitcheskaia Jizn*, 4 décembre 1921.

CHAPITRE III

Le ravitaillement des entreprises nationalisées et le contrôle d'Etat [1].

§ 1. LES ENTREPRISES RAVITAILLÉES ET NON RAVITAILLÉES.

Depuis l'introduction de la nouvelle politique économique, toutes les entreprises nationalisées qui restent sous la direction de l'Etat se divisent en deux catégories : 1º les entreprises dont le ravitaillement continue à être supporté par l'Etat et 2º celles que l'Etat ne ravitaille plus.

D'après les résolutions du IXme Congrès des soviets « toutes les entreprises de l'Etat, ravitaillées ou non par lui, doivent être gérées d'après le principe du « rendement commercial », c'est-à-dire que tous les facteurs de la production doivent être rigoureusement inscrits ; les dépenses supplémentaires doivent être restreintes et les organes de l'administration réduits au minimum ; de même, il faut tendre à diminuer autant que possible les frais de production, sans toutefois réduire la valeur des produits. A la base des relations entre les entrepreneurs et leurs unions, d'un côté, et les organes économiques locaux et départementaux de l'autre, se trouve le principe de la prestation mutuelle de services stipulés par accords [2].

Les règlements concernant la gestion des entreprises ravitaillées par l'Etat diffèrent de ceux qui s'appliquent aux entreprises non ravitaillées par lui. La situation de ces deux catégories d'entreprises est également différente au point de vue du contrôle d'Etat.

§ 2. LES ENTREPRISES RAVITAILLÉES PAR L'ETAT.

D'après les résolutions du IXme Congrès des soviets « l'Etat doit continuer à ravitailler les branches de l'industrie dont la production sert à l'entretien de l'armée ou à la reconstruction des branches essentielles de l'économie nationale (industries de guerre, combustible minéral, métallurgie, etc.) Pour autant que le rétablissement de cette industrie et la production ininterrompue ne peuvent être assurés sans avoir recours au marché intérieur, les entreprises de cette industrie sont autorisées à réaliser sur le marché une partie de leur production, d'accord avec les plans

---

[1] Voir Annexe II.
[2] *Izvestia*, 31 décembre 1921.

d'opération approuvés et en rapport avec la partie des ressources que l'Etat n'a pas livrée pour le ravitaillement de ces entreprises. »

L'article premier du décret du 6 février 1922 a précisé ces
résolutions en disposant que « seules doivent encore être alimen-
tées totalement ou partiellement par l'Etat les entreprises dont
les produits ne peuvent être utilisés que par lui et ne peuvent
être placés sur le marché (par exemple, les produits pour l'armée),
ou bien les entreprises qui fournissent la majeure partie de leurs
produits à l'Etat (par exemple, les fabriques de locomotives et les
usines métallurgiques). »

La désignation des entreprises à ravitailler est effectuée par les
institutions suivantes : *a*) pour les trusts centraux et les trusts
régionaux de la région centrale industrielle, par le presidium du
Conseil suprême de l'économie nationale ; *b*) pour les autres trusts
régionaux et les entreprises qui dépendent du Bureau industriel,
par ce dernier, sous réserve de l'approbation ultérieure du presidium du Conseil suprême de l'économie nationale ; *c*) pour les
trusts départementaux et les entreprises qui dépendent du Conseil
départemental de l'économie nationale, par ce dernier, sous réserve
de l'approbation ultérieure de la Conférence départementale de
l'économie nationale (art. 5 du décret du 6 février 1922).

Le décret du 12 août 1921 a établi les règles suivantes en ce
qui concerne les entreprises et unions ravitaillées par l'Etat.
La direction de l'union (entreprise) reçoit les entreprises correspondantes avec tout leur outillage, leur matériel, leur stock de
combustible, leurs matières premières, leurs produits demi-finis et
les entreprises accessoires indispensables (art. 3 du décret).
Afin d'assurer aux unions (entreprises) les sommes en espèces, les
denrées alimentaires, les matières premières, le combustible, etc.,
nécessaires à la production, l'Etat délivre aux directions, conformément au plan du Conseil du travail et de la défense, un fonds
déterminé qui doit être couvert par une fraction de la production ; afin de subvenir aux besoins complémentaires la direction
peut acquérir ces denrées alimentaires, matières premières, combustible, etc., en ayant recours directement au marché libre
(art. 4 du décret).
Pour améliorer la technique de la production, pour acquérir
exceptionnellement des machines auxiliaires ainsi que des denrées
alimentaires et des vêtements, les directions des groupements
peuvent faire des achats à l'étranger en consacrant à ces opérations
une partie de leur production, après accord avec le Conseil suprême
de l'économie nationale et le Commissaire du commerce extérieur,
moyennant approbation du Conseil du travail et de la défense
(art. 5 du décret).

En ce qui concerne l'administration des fonds qui leur sont
accordés, le paragraphe 8 des résolutions du IXme Congrès des
soviets s'exprime comme suit : « Une large autonomie est garantie

aux entreprises d'Etat et à leurs unions dans le domaine de l'utilisation des ressources que l'Etat met à leur disposition en matières premières, combustible et matériaux accessoires. »

Quant à la destination de la production de ces entreprises, l'article 3 du décret du 12 août 1921 pose comme principe que toute leur production rentre dans le fonds général de l'Etat. Le Conseil du travail et de la défense, établit en pourcentage pour chaque branche de l'industrie le contingent de la production qui devra être livré à l'Etat. En dehors de ce contingent et dans les limites de leur budget légalement approuvé, les entreprises ont le droit de disposer de leur production aux prix du marché. Les pourcentages de la production que les entreprises ou leurs unions doivent livrer à l'Etat ont été établis de la façon suivante pour les diverses branches de l'industrie[1].

Industries	Pourcentage de la production	Industries	Pourcentage de la production
Bois	100	Métallurgie	90
Charbon	100	Textile	80
Pétrole	100	Travail des produits minéraux	80
Mines (autres que charbon)	100	Travail des produits animaux	80
Electrotechnie	100	Tourbe	75
Papier	100	Produits chimiques	70
Sucre	100	Aliments (sans farine)	60

Le pourcentage maximum que l'entreprise ou l'union pouvait réaliser sur le marché était fixé d'abord à cinquante pour cent de la production totale. Ce droit a été largement utilisé par les entreprises. Afin de le restreindre, le décret du 16 août 1921 a établi la règle suivante : les ressources fournies par l'Etat sont destinées à l'exécution d'un certain programme de production ; toutefois, s'il est impossible de les utiliser elles peuvent être employées par les entreprises pour couvrir les déficits survenus dans d'autres parties du ravitaillement.

L'arrêté du IXme Congrès des soviets ne permet de réaliser la production sur le marché libre que pour autant que l'Etat n'aura pas fourni la quantité de matériaux promise.

La question du droit pour les entreprises et leurs unions de réaliser une partie de leur production sur le marché libre a été l'objet de nombreuses controverses qui ont donné lieu à une littérature assez volumineuse[2].

---

[1] *Economitcheskaia Jizn*, 2 février 1922.

[2] Voir TRIFFONOV : « L'histoire d'un projet », *Economitcheskaia Jizn*, 11 décembre 1921. — LARINE : « Le libéralisme nouveau », *Ibid*, 13 décembre 1921. — *Le Travail*, 14 décembre 1921. — CROUMINE : « Les fantaisies de la réaction », *Economitcheskaia Jizn*, 13 décembre 1921. — LARINE : « Genre léger », *Ibid*, 22 décembre 1921. — A. LOMOV : « Un pas en avant, deux pas en arrière », *Ibid*, 11 janvier 1922. — CACTYNE : « Les voies du développement de notre industrie », *Ibid*, 29 janvier 1922.

Certains estimaient qu'il fallait accorder plus de liberté aux entreprises ravitaillées par l'Etat et ne pas limiter la partie de la production qu'elles pourraient vendre sur le marché libre par la quantité de matériaux promise et non livrée par l'Etat. D'autres, par contre, voyaient dans cette liberté un danger pour l'approvisionnement de l'Etat en produits nécessaires et pour son contrôle sur l'industrie.

Les discussions ont abouti à l'élaboration par une commission spéciale d'un projet de règlement de la grande industrie d'Etat. Ce projet a été longuement commenté par la presse, mais n'a pas encore été adopté, ni même simplement approuvé par aucun organe de l'Etat. En effet, la plupart de ces organes sont arrivés à la conclusion que l'expérience de la gestion à base commerciale n'était pas encore assez longue pour qu'on pût porter un jugement définitif sur ses résultats. Toutefois, comme les principes qui sont à la base du projet sont le plus souvent appliqués dans la pratique, il est intéressant d'en retracer ici les lignes générales.

D'après ce projet, les organes de l'Etat ne continueraient à exploiter que les entreprises pouvant être approvisionnées d'une manière suffisante en ressources matérielles et financières et dont les intérêts locaux ou de l'Etat rendent l'existence souhaitable ou nécessaire (art. premier). Toutes les autres entreprises de l'Etat, bien que restant soumises à l'administration de celui-ci, doivent ou bien être fermées et conservées dans leur état actuel, ou bien être liquidées, — leurs outillages étant distribués à d'autres entreprises, — ou bien être affermées ou concédées (art. 2). Elles reçoivent, lors de leur constitution comme unités autonomes, tous les capitaux et l'outillage nécessaires à leur fonctionnement, mais dès ce moment elles ne travaillent plus que pour leur propre compte et peuvent acquérir des fonds de roulement et augmenter leurs capitaux : *a*) en vendant leurs produits ; *b*) en se faisant ouvrir des crédits ; *c*) en amenant d'autres capitaux à l'entreprise.

Aucun organe de l'Etat n'a le droit d'exiger d'elles la livraison de leur production ou d'une part de celle-ci autrement qu'en passant des contrats avec elles.

§ 3. L'INDUSTRIE NATIONALISÉE, NON RAVITAILLÉE PAR L'ETAT [1].

L'activité de l'industrie qui tout en restant nationalisée n'est plus ravitaillée par l'Etat est réglementée par un décret du Conseil des commissaires du peuple du 27 octobre 1921, par un décret du Conseil suprême de l'économie nationale du 6 février 1922 et par les statuts de la Banque d'Etat du 13 octobre 1921.

D'après le premier des décrets sus-indiqués, les entreprises qui ne sont aucunement ravitaillées par l'Etat ont le droit de se procurer les matériaux nécessaires sur le marché au moyen d'opérations commerciales ordinaires et de vendre leurs produits aux prix du marché pour payer leurs ouvriers et leurs employés, pour constituer les stocks de matières premières, de combustible, etc. Les

---

[1] Voir Annexe III.

organes d'Etat n'ont pas le droit d'exiger de ces entreprises la livraison gratuite de produits fabriqués, de matières premières, etc. (art. 6 de l'arrêté du 27 octobre 1921).

Dans le cas où l'Etat attribuerait de l'argent, des matières premières, du combustible, etc., aux entreprises qui ne sont pas régulièrement ravitaillées par lui, celles-ci devront payer ces livraisons par la fourniture de quantités proportionnées de produits fabriqués ; ces quantités devront être fixées par un contrat spécial conclu avec l'institution qui leur fournira l'argent ou le matériel (art. 7 dudit décret).

L'Etat peut d'autre part, en vertu d'un droit de priorité, acheter aux entreprises tous les produits dont il a besoin. Ces produits devront être payés par l'Etat soit aux prix du marché, soit aux conditions prévues dans les contrats passés entre lui et ces entreprises. Le payement pourra être effectué en tout ou en partie sous forme de livraison de matières premières, de combustible, etc., dont ces entreprises ont besoin (art. 2 du décret du 6 février 1922).

La Banque d'Etat a été créée afin de procurer les ressources financières à l'industrie non ravitaillée par l'Etat. Dans ce but, elle ouvre des crédits aux établissements et entreprises de la grande industrie d'Etat, aux coopératives et autres organisations ainsi qu'aux entreprises privées, à l'agriculture et à la petite industrie rurale, à la condition que ces crédits soient garantis et répondent à un but économique. Elle fait particulièrement les opérations suivantes : sur présentation de projets et plans de l'emprunteur spécialement contrôlés par elle, la Banque ouvre, sous forme de comptes courants, avec ou sans couverture, des crédits en vue de mettre en marche des entreprises déterminées. Le Commissaire du peuple aux Finances a à déterminer le maximum du crédit qui peut être accordé à chaque emprunteur par décision autonome de la direction.

Ce crédit ne peut être ouvert qu'aux entreprises de l'Etat qui ne sont pas ravitaillées par lui (§ 29 des statuts de la Banque d'Etat).

CHAPITRE IV

L'affermage[1].

§ 1. Conditions générales.

D'après le paragraphe premier de l'instruction du 19 juillet 1921, les premières entreprises qui devront être cédées à bail sont celles dont l'exploitation est arrêtée ou dont l'activité est réduite. Ensuite pourront être affermées les entreprises qui travaillent encore, mais dont la productivité serait sans aucun doute augmentée sous le régime de l'initiative privée. Une nouvelle instruction du Conseil suprême de l'économie nationale, en date du 6 avril 1922[2], accentue encore ces dispositions en prescrivant que toutes les entreprises devront être affermées, exception faite de celles qui peuvent être exploitées par l'Etat sur une base commerciale; ou qui, pour des raisons majeures, doivent rester sous le contrôle direct de l'Etat, ou enfin dont l'affermage pourrait avoir une répercussion défavorable sur la marche des grandes entreprises de l'Etat.

Les autorités ayant le pouvoir d'affermer les entreprises diffèrent d'après l'intérêt que ces entreprises présentent pour l'Etat. Celles qui ont la plus grande importance ne peuvent être affermées que par les administrations municipales dont elles dépendent et les contrats de bail doivent être approuvés par le Conseil suprême de l'économie nationale. Celles qui ont une importance moindre, mais qui présentent de l'intérêt pour le gouvernement au point de vue de leurs revenus, sont affermées par le Conseil départemental de l'économie nationale, sous réserve de l'approbation des contrats par le Conseil suprême de l'économie nationale. Si, dans le délai d'un mois, ce dernier n'a pas fait d'opposition, le contrat entre en vigueur. Enfin, les entreprises qui travaillent pour le marché local et dont l'Etat n'a aucun besoin sont affermées par les Conseils départementaux de l'économie nationale sans qu'aucune autre approbation soit requise.

Des commissions d'affermage pour l'élaboration préliminaire des contrats sont créées auprès des Conseils départementaux de l'économie nationale en vertu de l'instruction du 6 avril 1922.

---

[1] Voir Annexe IV.

[2] *Economitcheskaia Jizn*, 11 avril 1922.

Quant aux personnes auxquelles les entreprises peuvent être affermées, le paragraphe 2 de l'instruction du 19 juillet 1921 prescrit de donner la préférence aux grandes organisations coopératives et à leurs fédérations. En outre, les entreprises peuvent être affermées aux particuliers, y compris les anciens propriétaires, qui sont parfois plus au courant de la situation locale (§ 3 de l'instruction). La nouvelle instruction du 6 avril 1922 répète qu'il ne peut y avoir d'obstacle à l'affermage du fait que le candidat est un ancien propriétaire ou fermier à long terme de l'entreprise. Il ne faut tenir compte, lors de la conclusion du contrat, que des garanties que présente l'intéressé au point de vue de la bonne administration de l'entreprise, à savoir : sa carrière précédente, son stage et sa réputation. Les instructions du 19 juillet 1921 et du 6 avril 1922 déclarent toutes deux que les étrangers peuvent prendre à bail des entreprises dans les mêmes conditions que les citoyens russes. Les contrats passés avec les étrangers seront soumis aux règles générales.

§ 2. Obligations du fermier.

Le fermage.

La première obligation qui incombe au fermier d'une entreprise industrielle est de payer régulièrement à l'Etat le montant du fermage. D'après le paragraphe 9 de l'instruction du 19 juillet 1921, ce montant est fixé d'après la valeur de l'entreprise, sa productivité avant et pendant la guerre, ainsi que d'après les dépenses que le fermier effectue pour réparations, agrandissements ou constructions nouvelles. Le fermage pourra être payé tantôt en nature, tantôt en espèces. Le projet du « code des lois concernant les obligations découlant des contrats de bail et d'accords » précise que le fermage pourra consister dans un certain pourcent de marchandises, de produits ou de recettes de l'entreprise ou dans la prestation de certains services stipulés dans le contrat ; ces divers moyens de payement pourront d'ailleurs être combinés.

Dans le cas où les circonstances viendraient à changer brusquement, le fermier pourrait demander une certaine modification des conditions contenues dans le contrat de bail.

Autres obligations du fermier.

En outre du fermage, l'exploitant est obligé de céder à l'Etat une partie de sa production moyennant une rétribution spéciale ; si les marchandises qu'il fabrique font l'objet d'un monopole d'Etat, il est tenu de céder à ce dernier toute la production de l'entreprise affermée (§ 6 de l'instruction du 19 juillet 1921). Enfin, la nouvelle instruction du 6 avril 1922 propose également de réserver dans le contrat le droit de l'Etat d'obliger le fermier à lui vendre, au prix du marché, une partie des produits fabriqués avec ses propres matières premières, ou bien d'exécuter les commandes de l'Etat avec les matières premières qui lui seraient fournies par celui-ci.

D'autres obligations imposées au fermier concernent plus particulièrement l'administration de l'entreprise. C'est ainsi que pour empêcher qu'un fermier n'exploite l'entreprise dans un but de pure spéculation, il est obligé de mettre celle-ci en activité dans un délai prévu par le contrat (§ 12 de l'instruction du 19 juillet 1921). De plus, il est prévu dans le projet du « code des lois concernant les obligations découlant des contrats de bail » que les biens obtenus par le fermier devront être utilisés sans modifications essentielles et suivant les méthodes prescrites par les lois et le contrat ; à défaut de telles prescriptions, ces biens seront utilisés conformément à l'esprit du contrat et au but auquel ils étaient destinés. Le fermier est tenu d'ailleurs de fabriquer, dans les entreprises qu'il exploite, des produits du genre indiqué et dans les proportions prévues par le contrat. Pour apporter des changements quelconques à la production ou à l'organisation de l'entreprise, le fermier est obligé de demander, au préalable, l'assentiment de l'autorité qui a affermé l'entreprise.

Enfin, certaines mesures sont prévues pour permettre à l'Etat de juger de la manière dont les contrats de bail sont exécutés. D'après l'arrêté du Comité central exécutif du 25 octobre 1921, toutes les entreprises affermées sont tenues d'envoyer à des termes fixes, au Conseil suprême de l'économie nationale, au Service central des statistiques ou à leurs organes locaux, des informations concernant la marche des travaux, la production et les changements survenus ainsi que des renseignements de caractère économique. D'autre part, le paragraphe 14 de l'instruction du 19 juillet 1921 charge les Conseils locaux de l'économie nationale de contrôler l'exploitation des entreprises affermées et l'exécution régulière par les fermiers des contrats de bail, tout en ayant égard à ce que ce contrôle ne dérange pas la marche normale des entreprises.

§ 3. Durée et résiliation du contrat d'affermage.

D'après l'instruction du 19 juillet 1921, la durée du contrat d'affermage dépend de la valeur des biens en question, des arrangements et des améliorations apportées à l'entreprise. Elle fixe la durée normale des contrats de un à six ans et exige pour la conclusion de contrats plus longs l'autorisation du Conseil suprême de l'économie nationale. Si le fermier est obligé de faire de grandes dépenses pour l'entreprise, le projet de code déjà cité prévoit que la durée du contrat pourra être prolongée jusqu'à douze ans. En tout cas, le fermier qui remplit bien tous ses engagements jouit à l'échéance de son contrat d'un droit de priorité sur ses concurrents.

L'instruction du 6 avril 1922 établit, comme durée minima pour l'affermage, un an ; dans le cas où le contrat est conclu pour une durée de plus de six ans, il faut en demander l'autorisation au Conseil suprême de l'économie nationale.

Ni le décret du 5 juillet, ni l'instruction du 19 juillet 1921 ne prévoient dans quel cas un contrat d'affermage peut être résilié. Seul le projet du « code des lois sur les obligations découlant des contrats de bail » donne quelques indications à ce sujet. D'après ce projet, le contrat reste en vigueur même si les biens changent de propriétaire ; si ce nouveau propriétaire est l'Etat, celui-ci ne peut rompre le contrat que si l'exécution en « devient visiblement onéreuse et désavantageuse pour lui par suite de circonstances imprévues ou d'un changement radical dans la situation qui existait au moment de la signature du contrat » ; ou bien « si les charges assumées par le fermier et revenues à l'Etat en vertu du décret concernant l'abrogation de la succession sont manifestement désavantageuses. »

Le fermier est responsable de tous les dommages causés aux biens affermés et inventoriés au moment de l'entrée en vigueur du contrat ; de même, il peut demander qu'on l'indemnise pour toutes les améliorations qu'il a apportées à l'entreprise. Dans le cas où le propriétaire ne voudrait pas payer les améliorations apportées par le fermier sans son consentement, ce dernier peut les enlever pour autant qu'il n'en résulte aucune dégradation pour les biens affermés.

Les tribunaux peuvent également prononcer l'annulation d'un contrat d'affermage : 1º si le propriétaire n'a pas livré les biens ou si ces biens, sans la faute du fermier, sont dans un tel état qu'ils ne peuvent pas servir au but indiqué dans le contrat ; 2º si le fermier ne paye pas ou ne fait pas les réparations nécessaires ; 3º si le fermier endommage les biens affermés, volontairement ou non ; 4º si le fermier emploie les biens dans un but contraire aux stipulations du contrat.

§ 4. Conditions de validité du contrat.

D'après le projet de code, tous les contrats traitant de l'affermage d'entreprises d'Etat doivent être conclus par écrit. D'après le même projet, les conflits relatifs à l'exécution des contrats ne peuvent être tranchés que par les tribunaux. Toute clause prévoyant la possibilité du refus par l'une des parties de recourir au tribunal est nulle de plein droit.

D'une manière générale, le contrat est dénué de toute valeur juridique et ne peut pas être approuvé par les autorités lorsque l'accord est conclu « dans un but contraire aux lois ou pour tourner la loi, notamment lorsqu'il a pour objet de transférer à quelqu'un des droits sur des biens dont la libre circulation a été interdite ; lorsqu'au moment de la conclusion du contrat les formes exigées par la loi n'ont pas été observées ou lorsque le contrat est visiblement désavantageux pour l'Etat. »

Le contrat sera nul également s'il est prouvé que l'une des parties a usé de dol, de menaces ou de violence, ou qu'elle a abusé de la détresse dans laquelle se trouvait la contre-partie pour lui faire signer un accord désavantageux, ou enfin s'il y a eu erreur essentielle chez l'une des parties au moment de la conclusion de l'accord.

CHAPITRE V

Les concessions.

§ 1. Conditions générales.

Le seul décret qui se soit occupé jusqu'à présent des concessions d'entreprises nationalisées et de biens de l'Etat aux étrangers est celui du 23 novembre 1920 [1]. En voici les principales dispositions :

1. Le concessionnaire sera rétribué par une partie des produits déterminée dans le traité de concession et qu'il aura le droit d'exporter à l'étranger.

2. Si le concessionnaire entreprend l'exécution de vastes perfectionnements techniques, des avantages commerciaux lui seront accordés ; il jouira par exemple de facilités spéciales pour l'installation de nouvelles machines ou de contrats spéciaux pour des commandes importantes, etc.

3. Conformément à la nature et aux conditions de la concession, celle-ci sera accordée pour une durée prolongée en vue d'assurer au concessionnaire la compensation la plus complète de ses risques et des capitaux investis sous forme de moyens techniques.

4. La R.S.F.S.R. garantit que les biens et les capitaux investis par un concessionnaire dans les entreprises russes ne seront point soumis à des mesures de nationalisation, de confiscation ou de réquisition.

5. La R.S.F.S.R. garantit aux concessionnaires qu'en aucun cas les contrats ne subiront de modifications unilatérales par ordre ou par décret du gouvernement des soviets.

Les modifications à apporter au texte primitif du contrat ne seront faites que d'un commun accord. Tout contrat conclu par le gouvernement russe aura force de loi.

§ 2. Contrat-type de concession.

Le Comité des concessions près le Conseil supérieur de l'économie nationale a élaboré, au début de décembre 1921, un contrat-type contenant les clauses juridiques et techniques qu'il convient,

---

[1] *Sur les concessions*. Edition de l'Etat, Moscou, 1921.

selon le comité, d'observer en octroyant des concessions à des
particuliers. Elles définissent à la fois, dans la pensée des auteurs
du contrat, les garanties d'ordre général que l'Etat soviétique
devra exiger et celles que réclameront les concessionnaires.

Le contrat réserve au gouvernement un droit de surveillance
générale de l'activité du concessionnaire, lequel est obligé de tenir
une comptabilité en règle et d'accepter, dans le domaine concédé,
un contrôleur nommé par l'Etat. Le concessionnaire payera des
amendes pour toute infraction aux clauses du contrat. Il sera
responsable de tous dommages commis au préjudice de l'Etat
ou des particuliers. De plus, en cas d'infraction grave au contrat,
l'Etat se réserve le droit de retirer la concession sans indemnité.

Le concessionnaire verse à l'Etat une redevance représentée
par une fraction de l'ensemble des produits de l'exploitation.
L'Etat jouit, en outre, d'un droit de priorité pour l'achat du reste
de la production. Afin d'assurer le développement de l'industrie
concédée, le contrat doit prescrire le minimum de travaux à effectuer dans un délai déterminé, qu'il s'agisse de l'extraction, de la
transformation de produits ou de constructions quelconques.
Enfin, tant qu'il demeure sur le territoire de la République des
soviets, le concessionnaire doit respecter les lois qui y sont en
vigueur.

Telles sont les clauses ayant pour but de sauvegarder les intérêts de l'Etat. Quant à celles qui doivent protéger le concessionnaire, le contrat-type propose en premier lieu que le gouvernement
garantisse l'inviolabilité des biens concédés ainsi que de ceux que
l'intéressé aura importés légalement de l'étranger, ou enfin de ceux
qu'il aura achetés légalement sur les marchés intérieurs.

Le concessionnaire a le droit de gérer librement la concession,
de disposer à son gré des produits, défalcation faite de la redevance,
de faire circuler ces produits tant sur les chemins de fer que sur
les voies navigables ou autres, et de les exporter à l'étranger.

Tout conflit relatif à l'exécution du contrat doit être soumis
à une commission d'arbitrage paritaire où le concessionnaire sera
représenté, de même que le gouvernement des soviets.

§ 3. La question des concessions a la Société « Russo-Asiatic Consolidated Limited ».

Le décret du 23 novembre 1920 a été appliqué effectivement
lors des pourparlers avec M. Urquhart, représentant la Société
« Russo-Asiatic Consolidated Limited ». Il résulte de la lettre
adressée par M. Urquhart à M. Krassine et qui a été publiée, que les
conditions suivantes furent posées par le gouvernement soviétique
lors des pourparlers au sujet de la remise à la « Russo-Asiatic »
de ses biens et de ses entreprises à titre de concessions.

Une partie des terrains appartenant à la société devait rester
au pouvoir du gouvernement soviétique pour être répartis entre
les paysans.

Parmi les personnes travaillant dans les entreprises concédées,
seuls les étrangers devaient être exemptés du travail obligatoire

et des mesures relatives au logement, ainsi que des arrestations, perquisitions et confiscations effectuées autrement que par décision de justice.

La durée de la concession était fixée à 72 ans. Le gouvernement avait le droit néanmoins de racheter l'entreprise avant l'expiration du délai prévu.

Toutes les contestations relatives au sens et à l'application du contrat de concession et des accords complémentaires devaient être soumises à une commission permanente d'arbitrage, composée de trois membres dont deux seraient nommés par les parties respectives et le troisième, le président, par accord mutuel entre les deux parties. A défaut d'accord sur ce point, le président devait être un citoyen russe désigné par l'Académie des sciences russe.

La « Russo-Asiatic Consolidated Limited » considéra toutes ces conditions comme inacceptables et aucun accord ne fut conclu.

§ 4. Comité des concessions et des sociétés par actions [1].

Tant pour assurer l'unité d'action lors de l'attribution des concessions, que pour approuver les statuts des sociétés par actions de tous genres, le Conseil des commissaires du peuple a décidé de créer près le Conseil du travail et de la défense un comité chargé des affaires concernant les concessions et les sociétés par actions ; ce comité a pour mission d'examiner et de proposer à l'approbation du Conseil des commissaires du peuple les projets de concessions et les statuts des sociétés anonymes.

Les membres du Comité sont choisis par le Conseil des commissaires du peuple parmi les candidats présentés par le Commissariat du commerce extérieur, le Commissariat de la santé publique, le Conseil suprême de l'économie nationale, le Commissariat des finances et la Commission des projets et plans de l'Etat (*Gosplan*).

Les dépenses occasionnées par l'entretien du comité seront inscrites au budget du Conseil du travail et de la défense. La Commission pour les sociétés mixtes près le Conseil du travail et de la défense ainsi que le Comité des concessions près le *Gosplan* sont supprimés.

---

[1] *Economitcheskaia Jizn*, 13 avril 1922.

CHAPITRE VI

Sociétés mixtes.

Le projet de décret qui aurait dû abroger le décret du 12 août 1921, mais qui jusqu'ici n'a pas été approuvé [1], prévoyait pour les entreprises non ravitaillées par l'Etat le droit d'acquérir des fonds de roulement et d'attirer de nouveaux capitaux à l'entreprise en leur attribuant une participation à l'administration et aux bénéfices.

Le projet élaboré par le Commissariat de la justice au mois d'avril 1922 concernant les sociétés par actions est basé sur les principes suivants : la loi doit contenir seulement des dispositions générales ; les détails de l'activité des sociétés par actions seront réglés par leurs statuts ; un comité interministériel sera formé auprès du Conseil du travail et de la défense pour examiner les demandes de constitution des sociétés par actions et pour accorder les autorisations nécessaires.

Les actions sont toutes nominatives. L'émission d'actions au porteur n'est admise qu'à titre d'exception et avec l'assentiment du Conseil du travail et de la défense. Afin de protéger les intérêts de la minorité des actionnaires, un droit de participation leur est assuré au Conseil de surveillance ; de plus, une majorité spéciale est requise lorsqu'il s'agit de changer les statuts ou de prendre des décisions importantes. L'émission des obligations est soumise à l'autorisation préalable du Conseil du travail et de la défense.

Indépendamment de ce projet, et longtemps avant son élaboration, la pratique avait eu pour résultat la création de toute une série de sociétés du type de la société par actions. Les principes fondamentaux de l'organisation de ces sociétés sont les suivants :

1. Les sociétés par actions ne peuvent être créées que si l'Etat y participe.

2. Ces sociétés ont un caractère mixte du fait que l'Etat et le capital privé y collaborent.

3. La participation de l'Etat ne peut consister en moins de la moitié de la somme totale des capitaux de la société.

4. L'Etat n'est pas tenu de payer les actions qu'il détient ; en général, il ne les paye pas.

5. La part du capital de la société appartenant à l'Etat peut être distribuée aux diverses institutions et organes de l'Etat, qui deviennent ainsi actionnaires sur un pied d'égalité avec les autres participants.

------

[1] Voir plus haut, page 15.

DEUXIÈME PARTIE

Les conditions du travail dans l'industrie.

INTRODUCTION

Lorsqu'on étudie la législation actuelle du travail dans la République des soviets on est amené à distinguer deux domaines différents.

Le premier comprend les dispositions qui réglementent les conditions du travail d'une manière obligatoire et identique dans toutes les entreprises quelles qu'elles soient, privées ou nationalisées, gérées par l'Etat, affermées ou concédées. Telles sont les prescriptions relatives à la durée du travail, au travail des femmes et des adolescents, à l'embauchage et au renvoi des travailleurs, aux congés et aux absences, aux mesures de sécurité techniques et aux conditions sanitaires, à l'inspection du travail et à l'assurance sociale.

L'autre domaine comprend les règles relatives aux conditions du travail, qui ne sont pas fixées d'une manière uniforme pour toutes les entreprises, mais qui diffèrent suivant le caractère de l'administration. Elles concernent notamment les salaires, les accords collectifs, les conflits et les grèves ; elles régissent aussi les rapports entre l'administration de l'entreprise et les ouvriers. Ces dernières sont actuellement en voie de revision pour être adaptées à la nouvelle politique économique.

CHAPITRE PREMIER

Les conditions du travail, obligatoires pour toutes les entreprises.

Législation en vigueur.

Les conditions du travail obligatoires pour toutes les entreprises ont été établies par les textes suivants :

I. CODE DES LOIS SUR LE TRAVAIL, publié dans le *Recueil des lois et décrets* du gouvernement ouvrier-paysan, le 10 décembre 1918.

II. ORDRE NORMAL SUR LES TARIFS, publié le 17 juin 1920.

III. DÉCRETS ET ARRÊTÉS COMPLÉMENTAIRES :

Durée du travail.

a) Pour les ouvriers employés au nettoyage des chaudières (*Izvestia*, n° 24, 1920) ;
b) dans l'industrie du gaz d'éclairage (*Izvestia*, n° 47, 1919) ;
c) dans l'industrie des tabacs (*Izvestia*, 1ᵉʳ mars 1919) ;
d) dans l'industrie des faïences et des porcelaines (15 septembre 1920) ;
e) dans les institutions médico-sanitaires (1ᵉʳ avril 1921) ;
f) en plein air pendant les périodes de froid (*Izvestia*, 19 novembre 1920).

Travail supplémentaire.

a) Dans les institutions et entreprises soviétiques, publiques ou commerciales (28 avril 1920) ;
b) dans les entreprises travaillant pour la défense nationale (*Izvestia*, 23 octobre 1919) ;
c) dans les industries insalubres ;
d) règlements sur l'introduction et l'application des heures de travail supplémentaires des 6 et 22 avril 1921 ;
e) suppression des heures supplémentaires obligatoires (29 novembre 1920).

Travail des femmes.

a) Femmes enceintes ou allaitant leur enfant (*Izvestia*, 11 novembre 1920) ;
b) dispense du travail obligatoire avant et après l'accouchement (5 septembre 1920) ;

c) femmes ayant des enfants de moins de huit ans ;
d) dans les entreprises où l'on transporte des fardeaux (4 mars 1921);
e) travail supplémentaire dans les institutions soviétiques (4 novembre 1920) ;

Travail des enfants et des adolescents.

a) Dans les ateliers des artisans et des entreprises non nationalisées (*Izvestia*, n° 233, 1920) ;
b) mineurs de moins de quatorze ans (30 avril 1920) ;
c) embauchage et congédiement des mineurs de quatorze à seize ans (30 avril 1920) ;
d) dans les entreprises de l'extraction de la tourbe (*Recueil des lois*, n° 95, 1920) ;
e) travail supplémentaire des mineurs (*Izvestia*, 11 novembre 1920) ;
f) congés pour mineurs (22 avril 1921).

Repos et congés.

a) Aux centres de ravitaillement ;
b) ouvriers et employés (9 avril 1921) ;
c) dans les industries insalubres (*Izvestia*, n° 146, 1919) ;
d) payement des salaires pendant le congé (*Izvestia*, 28 août 1920) ;
e) lutte contre les absences (décrets du 27 août 1920 et du 21 novembre 1921) ;
f) congé pour cause de maladie (*Izvestia*, 18 avril 1921).

Embauchage et congédiement.

a) Arrêté du Conseil des commissaires du peuple du 3 novembre 1921 ;
b) arrêté du Conseil du travail et de la défense du 17 août 1921.

Assurance sociale.

a) Assurance sociale des ouvriers et employés (décret du 15 novembre 1921) ;
b) secours aux femmes en couches (décret du 15 décembre 1921) ;
c) assurance sociale pour cause d'invalidité (décret du 9 décembre 1921) ;
d) assurance sociale en cas de chômage (décrets des 3 octobre et 28 décembre 1921) ;
e) secours de maladie (décret du 19 décembre 1921) ;
f) versements pour l'assurance sociale en cas d'invalidité et de décès (décret du 2 janvier 1922) ;
g) versements pour l'assurance-maladie (décret du 9 février 1922).

Inspection du travail.

a) Inspection sociale de l'enfance (décret du 23 septembre 1921);
b) arrêté du Comité central exécutif panrusse du 13 avril 1922.

§ 1. Durée normale du travail [1].

La journée de travail des ouvriers adultes est de huit heures
pour le travail de jour et de sept heures pour le travail de nuit.
Le jour est compris entre six heures du matin et neuf heures du
soir et la nuit entre neuf heures du soir et six heures du matin.

Telle est la règle générale établie par le « Code des lois sur le
travail » et l'« Ordre normal sur les tarifs ». Dans certains cas,
cependant, une durée plus courte a été prévue. Ainsi la journée de
travail ne doit pas excéder :

six heures dans les industries insalubres ;
six heures dans les bureaux et administrations ;
six heures dans les entreprises produisant et purifiant le gaz
   d'éclairage ;
sept heures dans l'industrie des tabacs ;
six heures pour le nettoyage des chaudières ;
six heures dans l'industrie de la faïence et de la porcelaine ;
six heures dans les institutions médico-sanitaires pour les médecins, les aides-chirurgiens, les sœurs de charité et les sages-
   femmes ;
sept heures pour les travaux en plein air pendant la saison
   froide.

Toute modification des règlements généraux concernant la
limitation de la journée normale de travail doit être décidée, en ce
qui concerne chaque entreprise séparément, par le syndicat intéressé, d'accord avec le Conseil central panrusse des syndicats.

La durée normale du travail nocturne peut être modifiée par
le Commissariat du travail, sur proposition du syndicat correspondant.

§ 2. Heures supplémentaires [2].

Règles générales.

Le travail supplémentaire ne peut être effectué que par les
hommes ayant atteint l'âge de dix-huit ans et seulement dans les
cas spécifiés par la loi.

Parmi ces cas, certains visent spécialement le travail dans les
entreprises, d'autres le travail dans les institutions d'Etat.

En voici l'énumération :

Dans les entreprises :

1o En cas de travaux nécessaires pour parer à des calamités en
   général ou à des dangers qui pourraient menacer l'existence
   du régime soviétique ou la vie d'êtres humains.

2o En cas de travaux relatifs à la canalisation, l'éclairage, l'approvisionnement en eau et le transport, ou bien nécessités par des
   circonstances imprévues qui menacent le fonctionnement
   normal de ces installations.

---

[1] Voir Annexe VI, nos 2 et 3.
[2] *Ibid.*

3º Lorsqu'il est nécessaire d'achever un travail qui, par suite de retard imprévu causé par des circonstances d'ordre technique, n'a pu être terminé pendant la journée normale de travail et dont l'interruption pourrait entraîner la détérioration de machines ou de matériaux.

4º En cas de travaux à effectuer aux machines, à l'outillage ou aux constructions, lorsque leur non-exécution entraînerait l'arrêt du travail de nombreux ouvriers.

Dans les institutions de l'Etat :

5º Lorsque l'effectif des employés est réduit dans de telles proportions que la marche normale des travaux en est troublée.

6º Lorsque l'institution est chargée temporairement de tâches extraordinaires qui nécessitent un travail supplémentaire.

7º En cas de réorganisation d'une institution nécessitée par la fusion, la liquidation, l'évacuation, etc.

8º Dans les institutions se trouvant près du front et dont le travail est nécessaire pour la bonne marche des opérations militaires.

9º Dans le cas où un service de permanence est organisé la nuit.

10º Dans les cas exceptionnels de grands dangers de guerre.

Autorisation des heures supplémentaires.

Dans tous les cas sus-indiqués l'autorisation peut être obtenue d'effectuer *temporairement* des heures supplémentaires. Cette autorisation devra être accordée tantôt par le syndicat intéressé (troisième cas), tantôt par l'inspection locale du travail (quatrième cas), tantôt par la section locale du syndicat, d'accord avec l'inspection locale du travail (cinquième à neuvième cas). Dans le dixième cas, l'autorisation ne peut être donnée que par le Commissaire plénipotentiaire extraordinaire pour le ravitaillement de l'armée et seulement dans les installations dont la production n'est pas nuisible ou dangereuse pour la santé.

En principe, la permission d'effectuer des heures supplémentaires ne peut être accordée d'une manière *permanente* que dans des cas tout à fait exceptionnels, lorsque à cause de travaux interrompus et par suite de la nécessité d'organiser un service de permanence la nuit il n'y a pas suffisamment d'employés et d'ouvriers. Ces travaux supplémentaires permanents ne peuvent être effectués qu'avec l'autorisation du Conseil central panrusse des syndicats, sur demande des institutions intéressées. Les travaux supplémentaires *obligatoires* sont admis dans des cas exceptionnels, après entente survenue dans chaque cas particulier entre l'institution ou l'administration en question et le Conseil central panrusse des syndicats.

Limite des heures supplémentaires.

La loi impose, en outre, une limite maxima au nombre d'heures supplémentaires qui peuvent être autorisées. Dans les quatre premiers cas cités plus haut il est prescrit que le nombre des jours pendant lesquels peuvent être effectués des travaux supplémentaires ne doit pas dépasser cinquante par an. Dans les cinq cas suivants, le nombre maximum d'heures supplémentaires est fixé à cinquante par mois. Cette limite ne peut être dépassée qu'avec l'autorisation du Commissaire plénipotentiaire extraordinaire pour le ravitaillement de l'armée.

Les travaux supplémentaires temporaires introduits pour la durée d'un mois ne doivent pas dépasser cinquante heures. Dans les entreprises travaillant pour la défense nationale le nombre des heures supplémentaires peut atteindre quatre par jour.

Dans toutes les autres entreprises le travail supplémentaire ne doit pas excéder quatre heures au cours d'une période de quarante-huit heures.

§ 3. Travail des femmes [1].

En règle générale les femmes ne peuvent être employées au travail de nuit, aux travaux supplémentaires ou dans les industries insalubres.

Il peut cependant être permis aux femmes de travailler la nuit d'une manière temporaire dans certaines branches de l'économie nationale, sur proposition du syndicat intéressé, approuvée par le Commissariat du travail. Les femmes peuvent être admises également aux travaux supplémentaires dans les cas où l'inspecteur local du travail et le syndicat intéressé auront reconnu qu'il est impossible d'exécuter ces travaux en recourant uniquement à la main-d'œuvre masculine. Les femmes enceintes, ainsi que celles qui allaitent leurs enfants, ne peuvent en aucun cas être astreintes aux travaux supplémentaires ni au travail de nuit.

Les ouvrières enceintes employées à un travail manuel jouissent d'un congé de huit semaines avant et huit semaines après l'accouchement. Pour les femmes occupées à un travail intellectuel ce congé est réduit à six semaines, tant avant qu'après l'accouchement. Après un avortement, les ouvrières manuelles ont droit à trois semaines de congé ; les femmes employées à un travail intellectuel jouissent dans le même cas de deux semaines de congé. Les salaires sont payés intégralement pendant toute la durée de ces congés.

Les ouvrières-nourrices ont droit toutes les trois heures à une interruption de travail d'une demi-heure pour allaiter leurs enfants.

En aucun cas les femmes ne peuvent être employées aux travaux consistant exclusivement à déplacer et à transporter des fardeaux pesant plus de dix livres. Elles ne sont admises à effectuer de tels travaux d'une manière accessoire que s'ils n'occupent pas au total plus du tiers de la journée de travail. Outre cela on a établi pour les diverses branches de l'industrie des limites de poids au delà desquelles les fardeaux ne peuvent être transportés par des femmes.

---

[1] Voir Annexe VI, nos 2 et 3.

§ 4. Travail des enfants et des adolescents [1].

La journée normale de travail ne doit pas excéder six heures pour les adolescents de seize à dix-huit ans et quatre heures pour ceux de quatorze à seize ans. Les enfants de moins de quatorze ans ne sont pas admis au travail.

Dans des cas exceptionnels, quand les adolescents sont obligés de subvenir à leur entretien par leur propre travail et lorsque des conditions spéciales l'exigent, ils peuvent être autorisés à faire des travaux supplémentaires. Ces travaux ne peuvent dépasser une heure par jour lorsque les adultes font deux heures supplémentaires, et deux heures par jour lorsque les adultes en font plus de deux. Dans les industries dangereuses pour la santé, spécialement dans les entreprises d'extraction de la tourbe, le travail d'enfants de moins de seize ans n'est pas permis. L'emploi des enfants qui vont à l'école ou qui ont la possibilité de s'y instruire, est interdit.

§ 5. Repos, congés, absences [2].

Repos.

Après quatre ou cinq heures de travail l'ouvrier a droit à un repos d'une demi-heure au moins et de deux heures au plus. Nous avons vu, en outre, que les femmes allaitant leurs enfants ont droit toutes les trois heures à une interruption d'une demi-heure.

Chaque ouvrier a droit à un repos hebdomadaire de quarante-deux heures consécutives qui doit, autant que possible, coïncider avec le dimanche. La veille du repos, la journée de travail doit être diminuée de deux heures pour tous les ouvriers qui font plus de six heures par jour. En outre, sont considérés comme jours fériés obligatoires : le 1er janvier, le 22 janvier (anciennement 9 janvier), le 12 mars, le 18 mars, le 1er mai et le 7 novembre. Les entreprises peuvent également demander au Commissariat du travail l'autorisation d'établir des jours fériés spéciaux jusqu'à un maximum de dix jours par an.

Congés.

Toutes les personnes travaillant dans des entreprises ou dans des institutions ont droit à des congés dont la durée est fixée par le Commissariat du travail. Ces congés peuvent être pris à n'importe quelle date, à condition qu'ils ne troublent pas la marche normale du travail.

Le moment et l'ordre des congés sont établis par accord entre l'administration de l'entreprise ou de l'institution et le comité d'usine des ouvriers ou des employés.

Le congé annuel doit être de deux semaines pour tous les ouvriers qui ont travaillé pendant au moins six mois. Dans les indus-

---

[1] *Ibid.*
[2] Voir Annexe VI, nos 2, 4, 5 et 6.

tries particulièrement insalubres des congés supplémentaires doivent être accordés à tous les ouvriers. Des mesures spéciales sont également prises en faveur des jeunes ouvriers. C'est ainsi que des congés supplémentaires ont été accordés en 1921 aux adolescents jusqu'à l'âge de dix-huit ans. Les adolescents ont droit en outre à un mois de congé en été (jusqu'au 1er octobre).

Les ouvriers et les employés en congé ont droit à leur salaire entier correspondant à la rétribution moyenne reçue par eux au cours des trois derniers mois de leur travail ; ils ont droit également à la ration alimentaire complète, c'est-à-dire à la ration des travailleurs ajoutée à la ration normale.

En cas de maladie l'ouvrier peut obtenir un congé sur présentation d'un certificat (feuille d'hôpital) délivré par un des médecins ou hôpitaux désignés à cet effet par le Commissariat de la santé publique. La liste des maladies donnant droit au congé est fixée par la loi ; la durée du congé ne peut excéder deux mois.

Absences.

L'absence non justifiée, de même que la non-participation au travail sans raison valable, est considérée comme absence illégale. En vue d'enrayer le développement de l'absentéisme, le gouvernement soviétique a promulgué le décret du 21 novembre 1921, applicable à toutes les entreprises et institutions d'Etat. D'après ce décret, l'ouvrier ou l'employé sera privé de toute rémunération pour toutes les journées pendant lesquelles il n'aura pas travaillé. S'il est payé au mois on retiendra un vingt-quatrième de ses appointements mensuels pour chaque journée d'absence illégale. De même, si le salaire est fixé collectivement pour un groupe d'ouvriers, on retiendra un vingt-quatrième de la somme mensuelle due à l'intéressé, pour chaque jour d'absence illégale. En outre, il sera perçu, au profit des organes d'assurance sociale :

pour 1 jour d'absence illégale : 2 % du salaire mensuel.
  » 2   »   »   »   5 %   »   »
  » 3   »   »   »   8 %   »   »
  » 4   »   »   »   11 %   »   »
  » 5   »   »   »   15 %   .   »   »

Par salaire il faut entendre la somme en argent représentant la rétribution totale de l'ouvrier, que celle-ci soit payable en espèces ou en nature.

Si l'ouvrier s'absente illégalement plus de cinq jours par mois ou pendant plus de quatre jours consécutifs, il peut être congédié sans préavis ni indemnité de renvoi, ou bien traduit devant le tribunal disciplinaire ouvrier.

§ 6. Embauchage et congédiement.

L'introduction de la nouvelle politique économique a amené le gouvernement des soviets à remplacer progressivement la mobilisation du travail par le travail libre, réglé par contrat entre les parties intéressées [1].

Par arrêté du 3 novembre 1921 le Conseil des commissaires du peuple a exempté des travaux obligatoires en masse certaines catégories d'ouvriers et d'employés. Il a libéré d'une manière générale de l'emploi périodique à ces travaux les employés et les ouvriers travaillant dans les entreprises, les institutions et les exploitations agricoles de l'Etat, à condition qu'ils observent les règlements du Conseil des commissaires du peuple relatifs à la lutte contre les absences illégales.

L'exemption s'applique également aux travailleurs des organismes centraux des coopératives, des syndicats et de leurs sections locales. Ces catégories d'ouvriers et d'employés peuvent cependant être requis, en vertu des prescriptions générales sur le travail obligatoire, de participer aux travaux de secours nécessités par des calamités publiques, telles qu'incendies, inondations, obstruction des voies de communication par la neige, etc. D'autres dérogations peuvent encore être apportées aux règles sus-énoncées dans des cas exceptionnels, par décision spéciale du Conseil du travail et de la défense.

L'arrêté du Conseil du travail et de la défense du 17 août 1921 prescrit que l'ordre d'embauchage ou de congédiement est établi par la direction (administration) de l'entreprise, d'accord avec les syndicats intéressés et par la Section du travail du soviet local. Toutefois, le décret du 9 février 1922 a fixé les règles suivantes concernant l'embauchage et le congédiement des ouvriers.

Les Sections du travail auprès des soviets locaux des ouvriers et des paysans sont chargées du placement des travailleurs dans toutes les entreprises et institutions sans exception. Elles reçoivent les offres d'emplois qui leur sont adressées par les directions des entreprises et doivent répondre dans les trois jours si la main-d'œuvre demandée est disponible ou non. Quand plusieurs ouvriers inscrits possèdent les qualifications requises pour occuper un même emploi ils sont convoqués au travail d'après l'ordre d'inscription.

Les entreprises ont le droit également d'embaucher de la main-d'œuvre sans recourir à l'intermédiaire de la Section du travail, à condition de faire enregistrer par celle-ci les engagements effectués. De même, quand un ouvrier passe directement d'une entreprise à une autre d'après un accord intervenu entre les deux directions, il faut que ce déplacement soit enregistré ultérieurement par les Sections du travail compétentes.

Le renvoi d'un travailleur est autorisé dans les cas suivants :

1º En cas de fermeture partielle ou totale d'une entreprise ou d'annulation de certaines commandes.

---

[1] Voir *Des droits individuels et de la propriété des citoyens de la République socialiste fédérative des soviets de Russie*. Édition du Commissariat de la justice.

2º En cas d'arrêt du travail de plus d'un mois.

3º En cas d'expiration du délai prévu dans le contrat ou en cas d'achèvement des travaux temporaires pour lesquels l'ouvrier a été engagé.

4º Lorsque l'incompétence du travailleur est reconnue à la suite d'un stage.

5º Lorsque le travailleur commet une infraction aux lois sur le travail ou aux règlements intérieurs de l'entreprise.

6º Lorsque l'ouvrier se rend coupable d'un délit.

7º En cas d'absence pour cause de maladie pendant plus de deux mois, ou pour cause de grossesse ou de couches pendant plus de quatre mois.

8º Dans le cas où le travailleur en exprime le désir.

Dans les quatre premiers cas l'administration ou le patron doit prévenir le travailleur deux semaines avant le renvoi et en informer en même temps la Section du travail locale. A défaut de préavis, l'entrepreneur est obligé de payer une indemnité de renvoi de douze jours de salaire. Dans les cinquième et sixième cas aucun préavis n'est nécessaire, mais le salaire doit être payé jusqu'au jour où a lieu le renvoi.

Dans les deux mêmes cas l'intéressé peut aller en appel devant la Section du travail locale ; si la décision de celle-ci ne le satisfait pas, il peut en appeler devant la Section du travail régionale, qui statue en dernier ressort.

§ 7. ASSURANCE SOCIALE.

Avant la nouvelle politique économique.

Le décret fondamental du 31 octobre 1918 a appliqué l'assurance sociale aux cas suivants :

1º Frais de maladie, de médicaments, d'accouchement, etc.

2º Incapacité de travail entraînant la perte temporaire des moyens d'existence, quelle que soit la cause qui l'ait déterminée (maladie, accident, etc.).

3º Incapacité de travail entraînant la perte définitive de tout ou partie des moyens d'existence et due à la maladie, la vieillesse, etc.

4º Perte des moyens d'existence par suite de chômage, si la faute n'en est pas au chômeur.

Le même décret a étendu le bénéfice de l'assurance à toutes les personnes qui vivent exclusivement du produit de leur travail, soit qu'elles travaillent dans des entreprises d'Etat nationalisées ou privées, soit qu'elles travaillent chez elles d'une façon autonome.

Les ressources de l'assurance devaient comprendre les versements effectués par les entrepreneurs particuliers, les institutions et entreprises nationalisées, les artels, les artisans, les fermiers, etc., les revenus des biens et capitaux appartenant aux institutions d'assurance ainsi que les amendes infligées pour infraction à la loi sur les assurances ou pour retard dans le payement des primes.

Quant aux prestations, elles pouvaient prendre la forme tantôt de soins médicaux de tous genres, tantôt d'allocations en espèces ou de pensions.

Des *allocations* étaient accordées en cas d'incapacité de travail temporaire par suite de maladie, d'accidents, d'accouchement, etc. ; en cas de chômage ou pour frais d'enterrement. Leur montant était fixé comme suit :

1º En cas de perte temporaire de la faculté de travail l'allocation était égale au montant du salaire mais n'était payée que pour les jours ouvrables pendant lesquels l'intéressé n'avait pu travailler.

2º Les femmes enceintes employées à un travail manuel avaient droit au montant de leur salaire pendant huit semaines avant et huit semaines après l'accouchement. Pour celles employées à un travail intellectuel cette durée était réduite à six semaines, tant avant qu'après l'accouchement.

3º En cas de chômage l'allocation était calculée d'après les salaires minima payés dans la localité et était due pour toutes les journées de chômage effectif, depuis le dernier jour pour lequel le chômeur avait reçu un salaire jusqu'à celui où il reprenait son travail.

4º En cas de décès de l'assuré ou d'un des membres de sa famille qui sont à sa charge il est dû, en vertu du décret du 5 décembre 1921, une allocation égale au coût moyen de l'enterrement civil dans le lieu en question ; cette allocation ne doit pas excéder le salaire moyen local pour l'enterrement des personnes âgées de plus de douze ans et la moitié de cette somme pour les enfants de moins de douze ans.

Quant aux *pensions*, elles pouvaient être attribuées en cas d'incapacité définitive de travail totale ou partielle par suite de maladie, de vieillesse, d'accident, etc. Leur montant était fixé comme suit :

1º En cas d'invalidité complète, une pension mensuelle était accordée égale à vingt-cinq fois le salaire moyen payé dans la localité.

2º En cas d'invalidité partielle l'intéressé recevait une fraction de la pension totale (de $^1/_8$ à $^3/_4$) correspondant à son degré d'invalidité.

Influence de la nouvelle politique économique.

On a vu plus haut quelles étaient, d'après le décret du 31 octobre 1918, les ressources de l'assurance sociale. Il est évident que l'application du principe de la nationalisation aurait dû, à la longue, avoir pour résultat de faire supporter par l'Etat la totalité des dépenses relatives à l'assurance sociale. Cependant, les obligations incombant à l'Etat par suite de cette politique devinrent bientôt excessives en raison de l'augmentation du nombre des assurés et de la disparition des entreprises privées participant aux frais de l'assurance. D'après la statistique du Commissariat de l'assurance sociale il y avait dans la Russie des Soviets (exception faite du Turkestan, du Caucase et de l'Ukraine), le 1er juillet 1921 : 519.656 pensionnés, parmi lesquels 20.313 personnes avaient perdu 100 % de leur capacité de travail; 266.785 avaient perdu 60 à 99 %; 141.726 avaient perdu 45 à 59 % et 90.824 avaient perdu 30 à 44 %.

Vu l'extrême insuffisance des ressources de l'Etat les prestations effectuées à ces personnes étaient en réalité insignifiantes [1].

La nouvelle politique économique et financière, et surtout la nécessité de réduire les dépenses de l'Etat, ont amené le gouvernement des soviets à abandonner le principe de l'égalité de l'assurance sociale pour toutes les catégories de travailleurs. Une distinction a été établie entre les travailleurs autonomes et les salariés. Les premiers, c'est-à-dire les paysans, les artisans, les ouvriers à domicile, les membres d'artels et d'associations de production ainsi que les personnes exerçant des professions libérales se sont vu appliquer un régime d'assurance sociale fondé sur le principe du secours mutuel dans lequel l'Etat n'intervient plus que pour organiser et contrôler, réservant son aide matérielle et financière pour les cas exceptionnels de grandes catastrophes ou de calamités sociales.

Quant aux ouvriers et employés salariés, les décrets des 15 novembre et 19 décembre 1921 ont réorganisé le régime antérieur sur les bases suivantes :

1o Les risques couverts par l'assurance sociale sont comme auparavant la perte temporaire ou définitive de la faculté de travailler, le chômage et le décès.

2o Le bénéfice de l'assurance, au lieu de s'étendre à toutes les personnes sans exception vivant du produit de leur travail, est désormais limité aux travailleurs employés dans les entreprises, institutions et exploitations agricoles d'Etat, publiques, privées, concédées, affermées ou coopératives.

3o Les versements sont effectués par les administrations, les propriétaires ou les possesseurs des entreprises, institutions, etc., sans qu'ils aient le droit de les prélever sur le salaire des assurés.

4o Le montant de ces versements est proportionné au nombre des personnes employées dans l'entreprise et au danger que celle-ci présente pour la santé ou la vie des travailleurs.

5o Les tarifs en sont établis par le Commissariat de l'assurance sociale, d'accord avec le Conseil central panrusse des syndicats et sous réserve de l'approbation du Conseil des commissaires du peuple.

6o Les versements sont perçus par les commissions pour la protection du travail et l'assurance sociale dans la forme établie par le Commissariat de l'assurance sociale, d'accord avec le Commissariat des finances et le Conseil central panrusse des syndicats.

---

[1] *Question de l'assurance sociale*, no 5-6, 1921.

7º Les fonds constitués par les versements sont entièrement réservés aux besoins de l'assurance et ne peuvent être employés pour aucun autre but.; les sommes nécessaires pour l'assurance-maladie sont mises à la disposition du Commissariat de la santé publique, les autres sont administrées par le Commissariat de l'assurance sociale.

En ce qui concerne les allocations supplémentaires lors de l'accouchement ou pour frais d'enterrement, elles sont payées provisoirement par les entreprises et les institutions à l'assuré ou aux membres de la famille du défunt.

Les décrets des 2 et 12 janvier et du 9 février 1922 ont établi les tarifs suivants :

a) Incapacité de travail temporaire, maternité et assurance sociale complémentaire : de 6 à 9 % des salaires d'après l'importance de l'entreprise et le danger qu'elle présente pour la santé et la vie des travailleurs ;

b) Invalidité et décès : de 7 à 10 % des salaires ;

c) Secours médicaux : de 5 ½ à 7 % des salaires ;

d) Chômage : 2 ½ % des salaires pour toutes les entreprises.

Le montant des *prestations* dues aux assurés a été fixé comme suit par les décrets des 5, 9 et 23 décembre 1921 :

a) L'allocation pour incapacité de travail temporaire est égale au salaire effectif que recevait l'assuré au moment où il perdit la faculté de travailler. Si les fonds de l'assurance ne sont pas suffisants, le montant des allocations peut être réduit, sans être inférieur cependant aux deux tiers du tarif de salaire établi pour la catégorie d'ouvriers à laquelle appartient l'assuré.

b) Le montant de l'allocation due aux femmes enceintes et lors de l'accouchement est égal au salaire moyen effectif.

c) La prestation supplémentaire pour les soins à donner au nouveau-né est égale au salaire moyen mensuel dans la localité et doit être payée en même temps que celle pour l'accouchement.

d) Pour l'alimentation du nouveau-né il est dû une allocation égale au quart du salaire moyen pendant neuf mois à partir de la naissance.

e) En cas de chômage l'allocation est du sixième à la moitié du salaire moyen local, d'après les qualifications de l'ouvrier et le stage accompli par lui jusqu'au jour où le chômage a commencé. La durée de l'attribution des allocations est fixée par le Commissariat de l'assurance sociale d'accord avec le Commisariat du travail.

Le décret du 15 novembre 1921 a chargé les organes du Commissariat de l'assurance sociale du contrôle relatif au droit à l'assurance sociale, à la constatation du chômage, à l'incapacité de travail, etc., et à l'observation de tous les règlements existants.

§ 8. INSPECTION DU TRAVAIL [1].

L'inspection du travail est réglementée par le chapitre IX du Code du travail publié en 1918. D'après l'article 127 de ce Code « la protection de la vie, de la santé et du travail des individus employés dans une branche quelconque de l'économie nationale est confiée aux inspecteurs du travail, aux inspecteurs techniques et aux inspecteurs sanitaires. » L'article suivant ajoute que ces inspecteurs dépendent du Commissariat du travail et de ses organes locaux (Sections du travail). Cette disposition est confirmée par un arrêté du Comité central panrusse du 13 avril 1922 [2].

Des différentes catégories d'inspecteurs.

L'article 127 cité ci-dessus distingue trois catégories d'inspecteurs : 1º les inspecteurs proprement dits ; 2º les inspecteurs techniques ; 3º les inspecteurs sanitaires.

Les premiers sont en principe des ouvriers élus par leurs camarades. En fait, ils sont nommés par les organisations ouvrières (syndicats professionnels, comités d'entreprise, etc.) du district qu'ils auront à surveiller. Les élections sont organisées par la Section locale du travail, ou, à défaut de celle-ci, par la Section départementale du travail. Les candidats sont présentés par les organisations ouvrières et par les Sections du travail. Dans le cas où les circonstances rendent impossible la convocation d'une conférence ouvrière, les élections des inspecteurs du travail peuvent être effectuées par le Conseil local intersyndical réuni en séance plénière et les organisations ouvrières sont appelées à fournir des renseignements préalables sur les candidats. Tous les inspecteurs du travail élus par les organisations ouvrières doivent être confirmés par le Commissariat du travail [3].

Parmi les inspecteurs proprement dits on distingue les inspecteurs généraux et les inspecteurs professionnels. Les premiers sont chargés de veiller à l'observation des mesures destinées à protéger les travailleurs dans toutes les entreprises d'une circonscription déterminée. Les seconds, au contraire, qui ont été créés à partir d'avril 1919, ont pour mission de surveiller les conditions du travail dans une branche spéciale de l'activité économique. C'est ainsi qu'on a constitué des inspections pour les transports, le bâtiment, l'agriculture, les employés de commerce, les employés des P. T. T., les domestiques, les artisans, etc.

Les inspecteurs techniques se distinguent des inspecteurs du travail proprements dits, tant généraux que professionnels, en ce qu'ils ne sont pas élus par les organisations ouvrières mais sont nommés par les services techniques des institutions soviétiques (sous-sections techniques des Sections locales du travail). Ils sont

---

[1] Voir Annexe VI, nº 7.

[2] *Izvestia*, 21 avril 1922.

[3] Voir *Zinaïda Tetenborn : La législatiou soviétique du travail*. Conférences faites en 1920 aux inspecteurs du travail. Edition de l'Etat-Moscou 1920 pp. 196, *passim*.

choisis parmi les techniciens. Il en est de même des inspecteurs sanitaires, qui sont nommés par les services soviétiques et choisis parmi des spécialistes médicaux.

Outre ces trois catégories d'inspecteurs prévus par le Code du travail, il existe encore des inspecteurs spéciaux pour la protection de l'enfance. Un décret du 23 septembre 1921 [1] a créé en effet une inspection sociale de l'enfance constituée par des « frères et sœurs du secours social ».

Devoirs généraux des inspecteurs du travail.

Les articles 131 et 132 du Code du travail définissent de la manière suivante les devoirs généraux des inspecteurs du travail :

a) ils doivent visiter, à toute heure du jour et de la nuit, les entreprises industrielles de leur ressort et tous les lieux de travail, ainsi que les bâtiments annexes : logements, infirmeries, crèches, bains, etc. ;

b) ils se font présenter par les conseillers directeurs ou les chefs des entreprises tous les documents et livres indispensables à leur contrôle ;

c) ils font participer à l'inspection les représentants élus par les organisations ouvrières ainsi que le personnel administratif ;

d) ils poursuivent toutes les infractions aux dispositions du Code du travail, aux décrets, aux instructions et aux autres actes du gouvernement des soviets concernant la protection du travail ;

e) ils collaborent avec les syndicats professionnels et les comités d'usine en vue de déterminer les conditions du travail dans les entreprises ou unions d'entreprises ;

f) les organes de l'inspection du travail ont le droit de prendre des mesures extraordinaires pour mettre fin à des situations qui sont une menace pour la vie et la santé des ouvriers, même si ces mesures ne sont pas prévues par des lois spéciales. Ils doivent rendre compte de ces mesures à la Section locale du travail ;

g) les inspecteurs du travail ont enfin l'obligation de fournir des rapports sur tous les points de leur activité. Ces rapports sur les infractions aux règlements de la protection du travail doivent être signalés dans les vingt-quatre heures au tribunal populaire compétent [2].

---

[1] *Izvestia*, 7 octobre 1921.
[2] *Izvestia*, 9 mai 1922.

CHAPITRE II

Les conditions du travail
établies d'après le caractère de l'entreprise.

A côté des conditions du travail réglementées par la loi d'une manière obligatoire et identique pour toutes les entreprises, il en est d'autres qui sont établies d'une manière différente selon qu'il s'agit d'entreprises gérées par l'Etat, ravitaillées ou non ravitaillées, d'entreprises affermées, coopératives, privées ou concédées. Telles sont les conditions de paiement des salaires, les conditions de l'embauchage et du renvoi des travailleurs, les relations entre les entrepreneurs et les ouvriers, ainsi que les méthodes de prévention ou de solution des conflits.

Dans toutes les entreprises autres que celles gérées et ravitaillées par l'Etat ces diverses conditions sont établies généralement par contrats collectifs. Mais même dans ce cas, la loi continue à jouer un rôle important, dans la mesure où elle établit des règles générales auxquelles les parties ne peuvent déroger. La liberté de contracter ne peut donc se mouvoir qu'à l'intérieur du cadre tracé par le Code des lois sur le travail, l'Ordre normal sur les tarifs, et les textes spéciaux y relatifs.

Législation en vigueur.

1. Résolutions du IXme Congrès des soviets.

2. Arrêté du Conseil du travail et de la défense, du 17 juin 1921, sur le ravitaillement collectif.

3. Décret du Conseil des commissaires du peuple, du 10 novembre 1921, sur le ravitaillement collectif des ouvriers et des employés.

4. Règlements fondamentaux sur les tarifs, acceptés par le Conseil des commissaires du peuple le 16 septembre 1921.

5. Décret du Conseil des commissaires du peuple, du 29 septembre 1921, sur les salaires collectifs.

6. Arrêté du Conseil des commissaires du peuple, du 23 janvier 1922, concernant le fonds central de salaires.

7. Arrêté du Conseil du travail et de la défense, du 15 février 1922, concernant les fonctions de la Commission centrale du fonds de salaires.

8. Arrêté du Conseil central panrusse des syndicats, concernant les fonctions du fonds central de salaires.

9. Arrêté du Commissariat du travail sur les Commissions paritaires.

A côté de ces textes, actuellement en vigueur, il y a lieu de citer certains projets et documents qui montrent les tendances de la politique des soviets dans ce domaine :

1. Projet d'un décret sur la réglementation du travail dans les entreprises privées.

2. Contrat-type de concession élaboré par la Commission des concessions.

3. Projet d'un contrat de concession relatif aux conditions du travail, proposé par la Commission des concessions.

4. Contrat collectif conclu par le *Severoless*.

5. Décisions prises par le Comité central du parti communiste, en janvier 1922.

§ 1. LES SALAIRES [1].

La politique des salaires dans les entreprises dirigées et ravitaillées par l'Etat est fondée sur le soi-disant «système budgétaire par accords ». Dans les entreprises dirigées, mais non ravitaillées par l'Etat, de même que dans les entreprises affermées, concédées, coopératives ou privées, la réglementation des salaires a lieu par accords collectifs.

Entreprises gérées et ravitaillées par l'Etat.

Le système budgétaire par accords. — Le système budgétaire par accords a été introduit par décret du 10 novembre 1921, en vue de garantir que les salaires seront payés dans toutes les grandes entreprises industrielles et celles nécessaires à l'Etat, désignées à cet effet par le Conseil des commissaires du peuple.

D'après ce système, l'Etat constitue globalement pour chaque entreprise un « fonds annuel budgétaire », comprenant la quantité de produits et la somme en espèces nécessaire au paiement des salaires de tous les ouvriers et employés de l'entreprise au cours de l'année à venir. Ce fonds budgétaire est calculé comme suit :

a) on établit d'après la période d'avant-guerre la production maxima de l'entreprise et le nombre minimum d'ouvriers nécessaires pour obtenir cette production ;

b) on calcule d'après cela combien d'unités ouvrières mensuelles ou journalières sont requises pour la fabrication d'une unité de production ;

---

[1] Voir Annexe VII, nos 1 à 6.

c) on évalue ensuite le nombre d'unités de production que l'entreprise croit pouvoir fabriquer pendant la période budgétaire ; on multiplie par ce nombre celui des unités ouvrières nécessaires pour obtenir une unité de production et on détermine ainsi le nombre minimum d'unités ouvrières mensuelles ou journalières que l'entreprise devra employer pour l'exécution de son programme ;

d) on établit le coût de la vie minimum d'un ouvrier de la catégorie inférieure ;

e) enfin, on multiplie le coût de la vie moyen d'un ouvrier qualifié par le nombre d'unités ouvrières mensuelles ou journalières nécessaires pour l'exécution du programme de l'entreprise.

La somme obtenue représente le montant du fonds de salaires qui est garanti à l'entreprise pour une période déterminée. Si le programme de production est augmenté ou diminué, ce montant est modifié dans la même proportion.

Enfin, on ajoute au fonds de salaires attribué à l'entreprise 8 pour cent supplémentaires pour les personnes ayant perdu temporairement la faculté de travailler, et pour certains autres besoins de l'assurance sociale.

Si l'Etat n'a pas les moyens de fournir à l'entreprise le montant du fonds qui lui revient, celle-ci peut, moyennant l'autorisation du Conseil suprême de l'économie nationale et du Comité central panrusse des syndicats, mettre un certain pourcent de sa production dans le fonds de salaires.

Le fonds de salaires est réparti entre les travailleurs de l'entreprise. Le principe de nivellement des salaires est aboli. Les ouvriers et employés sont classés en dix-sept catégories, selon leurs qualifications, et c'est d'après ces qualifications que le fonds de salaires est réparti entre eux.

Les Commissions des fonds de salaires. — Une *Commission centrale des fonds de salaires* [1] a été instituée pour trancher toutes les questions relatives à la rémunération du travail, qui rentraient auparavant dans la compétence de diverses commissions. Elle est composée d'au moins cinq membres, représentant respectivement le Commissariat du ravitaillement, le Commissariat des finances, le Conseil suprême de l'économie nationale, la Commission des projets et plans de l'Etat (*Gosplan*), et le Comité central panrusse des syndicats. Le représentant de ce dernier fait fonction de président. Le Comité central panrusse des syndicats peut exiger, en outre, quand il le juge utile, la convocation de représentants du Commissariat des voies de communication, du Commissariat du travail ou des grandes unions d'entreprises.

La Commission centrale des fonds de salaires a pour mission essentielle d'établir des règlements et de contrôler les salaires sur tout le territoire de la Russie des soviets et de gérer les fonds de

---

[1] Décrets du Conseil des commissaires du peuple du 23 janvier et du 15 février 1922. Arrêté du Conseil du travail et de la défense du 15 mars 1922.

salaires. Est également du ressort de la Commission l'établissement des tarifs moyens des salaires, du coût de la vie minimum, etc., question qui dépendait autrefois du Comité central panrusse des syndicats. Ce dernier l'a chargé en outre d'établir des salaires obligatoires minima pour toutes les entreprises et institutions d'Etat, privées ou affermées [1].

En ce qui concerne spécialement les fonds de salaires, les fonctions de la Commission sont les suivantes :

1. Elle établit le fonds central de salaires, composé de sommes en espèces, de denrées alimentaires et d'objets d'usage courant.

2. Elle fixe les rapports entre les divers éléments du salaire.

3. Elle exerce le contrôle général de la répartition du fonds de salaires entre les diverses branches de l'industrie, les diverses entreprises ou les divers territoires.

4. Elle approuve les listes des entreprises qui travaillent d'après le système budgétaire et par accords, et surveille la marche et les résultats de ce système.

. 5. Elle veille à ce que les entreprises reçoivent les sommes et produits nécessaires au paiement des salaires.

6. Elle supprime le ravitaillement des entreprises et institutions qui n'exécutent pas leurs engagements conformément au programme de production.

A côté de la Commission centrale ont été créées des *Commissions départementales et régionales*, composées de trois personnes, représentant respectivement la Section du ravitaillement, la Section financière et le Bureau industriel régional près le Conseil suprême d'économie nationale, ainsi que de deux représentants du Conseil départemental des syndicats ; l'un de ceux-ci fait fonction de président.

Les tâches de ces commissions sont les suivantes :

1. Elles créent des fonds locaux de salaires, au moyen de prélèvements sur les impôts locaux perçus sur les bénéfices de l'exploitation d'entreprises locales et sur le prix de la production.

2. Elles distribuent ces fonds, selon les tarifs et les catégories d'ouvriers, entre les diverses branches de l'industrie et les entreprises ravitaillées par l'Etat.

3. Elles veillent à ce que la partie du fonds de salaires qui appartient au district soit remise à temps et utilisée conformément aux indications de la Commission centrale du fonds de salaires.

4. Si les denrées alimentaires et les sommes en espèces nécessaires au paiement des salaires ne sont pas fournies à temps, elles comblent le déficit au moyen de fonds locaux.

---

[1] *Economitcheskaïa Jizn*, 15 mars 1922.

Etablissement des salaires. — Les salaires sont établis d'après les règles suivantes :

1. En principe, la majeure partie du salaire doit être payée en espèces ; le reste peut, dans la mesure où les circonstances le permettent, être payé en nature.

2. Le salaire comprend à la fois les paiements en espèces et ceux en nature. Les éléments qui le composent sont : *a)* une somme en espèces ; *b)* logement, chauffage, éclairage et autres ; *c)* denrées alimentaires et objets d'usage courant ; *d)* vêtements pour le travail ; *e)* coiffeur, bains, théâtre, produits des jardins potagers, toutes les dépenses faites par l'entreprise pour l'ouvrier et tous les services communaux dont use l'ouvrier ; *f)* le coût des moyens de transport (chemins de fer, bateaux, etc,) ; *g)* allocations pour la famille et tous autres paiements effectués pour la famille.

3. Tous les paiements en nature effectués à titre de salaire sont calculés en argent, d'après les prix du marché. La somme correspondant aux paiements en nature, ajoutée à la somme en espèces, forme le salaire.

4. Aucune rétribution en dehors du salaire n'est admise. Le système d'autrefois d'après lequel l'ouvrier recevait, en dehors du salaire en argent et en nature, le logement gratuit, des objets d'usage courant, etc., est aboli.

5. Le salaire comprenant tous les éléments susmentionnés n'est payé que pour le travail réellement effectué par l'ouvrier. D'autre part, si la production augmente, la somme totale du salaire est augmentée aussi.

6. Les primes ne sont pas admises en principe. Elles peuvent être payées exceptionnellement deux fois par an, en tenant compte du bilan de l'entreprise. Par contre, la participation aux bénéfices est admise.

Entreprises gérées mais non ravitaillées par l'Etat.

La réglementation des salaires dans les entreprises gérées mais non ravitaillées par l'Etat est basée sur les contrats collectifs.

Le Comité central panrusse des syndicats estime qu'ayant abandonné leurs fonctions de contrôleurs d'Etat en cette matière, les syndicats doivent tout au moins indiquer les directives de la politique des salaires. Près le Commissariat du travail doit être organisé à cette fin un Conseil supérieur des tarifs composé d'un nombre égal de représentants des syndicats et des organes économiques, dont doit faire partie aussi le *Centrosoyus*. Le contrôle direct de l'application des contrats collectifs appartient cependant aux Commissions paritaires — dont il sera question plus loin. [1]

Comme type de réglementation des salaires dans les entreprises gérées mais non ravitaillées par l'Etat, on peut citer le contrat collectif conclu entre la direction du «trust d'Etat» *Severoless* et le

---

[1] *Economitcheskaïa Jizn*, 19 février 1922.

Comité central du syndicat des ouvriers sur bois. Le contrat est conclu pour une durée de six mois et demi allant du 1er novembre 1921 au 15 mai 1922. Les deux parties ont le droit de prolonger l'accord. Les conditions en sont les suivantes :

1º Tous les travailleurs du *Severoless* sont répartis en classes d'après les salaires en espèces, et en catégories d'après la ration alimentaire. Cette double répartition est effectuée par l'administration de l'entreprise. Toutes réclamations à ce sujet sont examinées d'après les règles prévues au contrat en matière de solution des conflits [1].

2º La répartition des travailleurs en catégories s'opère d'après les difficultés et les conditions du travail. En outre, chaque ouvrier reçoit une ration pour les membres de sa famille incapables de travailler et qui vivent à sa charge.

3º Tous les articles livrés en nature (logement, combustible, pain, etc.), sont payés par le travailleur aux prix fixés pour chaque district. Ces prix sont établis par l'administration de l'entreprise d'accord avec la section départementale du syndicat professionnel et ne peuvent dépasser le prix de revient. Ils sont revisés au moins tous les trois mois.

4º Le contrat prévoit l'organisation d'un large réseau régional de cantines où les travailleurs du *Severoless* pourront se procurer les articles de consommation courante au prix de revient.

5º Le travail aux pièces est indiqué comme devant être la règle générale pour l'établissement des salaires.

6º Toute augmentation ou diminution de la production aura une influence sur le salaire de l'ouvrier.

Entreprises affermées, coopératives ou privées.

Les conditions de salaires dans les entreprises affermées, coopératives ou privées doivent être réglées par contrats collectifs conclus entre les entrepreneurs et les sections locales du syndicat intéressé, sous réserve de l'approbation du Conseil départemental des syndicats.

Le contrat collectif n'est pas obligatoire dans les entreprises employant au maximum cinq ouvriers, s'il y a moteur, ou dix s'il n'y en a pas. Quand il n'y a pas de contrat, les conditions du travail sont établies d'après la réglementation existante par les Conseils départementaux des syndicats. S'il y a un contrat, celui-ci s'applique à tous les ouvriers de l'entreprise ayant le droit d'appar-

---

[1] Au début, le Comité central du syndicat des ouvriers sur bois avait établi des salaires en espèces trop élevés que la direction ne pouvait accepter car ils auraient mis l'entreprise en déficit. La question ayant été soumise au Conseil central panrusse des syndicats, celui-ci décida d'appliquer automatiquement le tarif panrusse. La direction estima cependant que les conditions ainsi faites ne permettaient pas d'embaucher les ouvriers car ce tarif était très bas. La question fut renvoyée alors à l'examen du Conseil suprême de l'économie nationale.

tenir à un syndicat. Aucun accord individuel n'est admis entre l'employeur et un travailleur. Cependant, lorsque les tarifs concernant certains ouvriers ou employés, fixés avant la conclusion du contrat collectif, sont supérieurs aux tarifs de ce contrat, ils ne peuvent être abaissés.

La rémunération du travail établie par le contrat collectif ne peut être inférieure au salaire moyen fixé par les tarifs en vigueur dans les entreprises d'Etat analogues. Le contrat doit prévoir, en outre, les règles relatives au payement des salaires, les normes du travail ainsi que les garanties relatives à la qualité et à la quantité de la production.

Entreprises concédées.

Il n'y a aucune disposition législative spéciale concernant les salaires dans les entreprises concédées. L'expérience dans ce domaine est encore trop récente et le gouvernement des soviets se borne à fixer dans chaque cas particulier les conditions du travail qui devront être acceptées par le concessionnaire.

La Commission des concessions du Conseil suprême de l'économie nationale a établi cependant certains principes généraux qu'elle estime devoir être observés lors de la conclusion du contrat de concession. En premier lieu, elle pose comme règle que toutes les conditions du travail dans une entreprise concédée doivent être déterminées par contrat collectif conclu entre le concessionnaire et le Comité central panrusse des syndicats. En second lieu, elle déclare que, d'une manière générale, le niveau des salaires ne doit pas être inférieur à celui qui existe dans les entreprises similaires de la grande industrie à l'étranger. Elle estime cependant qu'il faut tenir compte du rendement moindre du travail en Russie.

Au moment des négociations avec la « Russo-Asiatic » dont il a été question plus haut, la Commission des concessions avait dressé un projet de contrat collectif qui contenait les dispositions suivantes en matière de salaires :

L'échelle des salaires des ouvriers et employés des entreprises de la concession ne devra pas être inférieure aux tarifs moyens en vigueur pour les catégories correspondantes de travailleurs dans l'Europe occidentale, étant entendu qu'il sera tenu compte de l'infériorité (éventuelle) de la production des ouvriers et employés russes par rapport à la production dans les entreprises similaires de l'Europe occidentale (§ 11).

Les ouvriers et employés seront rémunérés en monnaie russe ou, sur leur demande, en nature, dans le délai et l'ordre prescrits par le contrat collectif (§ 12).

Le concessionnaire sera tenu de fournir à ses ouvriers et employés ainsi qu'à leur famille, pour leur usage personnel, les articles de première nécessité : denrées alimentaires, vêtements, chaussures, etc. Le concessionnaire devra importer ces articles qui ne seront pas frappés de droits d'entrée par le gouvernement russe. Lesdits articles devront être vendus par le concessionnaire aux ouvriers et employés au prix coûtant, augmenté seulement de 10 %.

Le concessionnaire sera tenu en outre de fournir gratuitement à ses ouvriers et employés les chaussures et vêtements spéciaux nécessaires pour les travaux effectués dans son entreprise, ainsi que les dispositifs de sécurité et les produits médicaux et sanitaires, conformément aux règles en vigueur dans la République socialiste fédérative des soviets de Russie. Le contrat collectif déterminera la quantité de tous les articles indiqués dans le présent alinéa qui devra être fournie aux ouvriers.

Les articles mentionnés à l'alinéa précédent devront être importés si plus de 250 travailleurs sont employés dans l'entreprise relevant de la concession. Toutefois, cette disposition ne demeurera en aucun cas en vigueur pendant une période de plus de sept années à compter du début de l'exploitation de la concession (§ 13).

Dans les cas prévus par le contrat collectif, le concessionnaire aura le droit de mettre en vigueur, outre le système de salaires au temps, celui du travail aux pièces ou tout autre mode de rémunération (§ 14).

M. Urquhardt, représentant de la société « Russo-Asiatic », a fait valoir contre ces propositions les objections suivantes :

1º Le projet de contrat collectif proposé prévoyait trente-neuf catégories d'ouvriers qualifiés, dont les salaires devaient être établis d'après les normes en vigueur en Angleterre et en Allemagne. Considérant qu'«à l'heure actuelle il est impossible de déterminer le cours de l'unité monétaire»; que « l'expérience et la productivité de l'ouvrier russe sont de beaucoup inférieures à celles d'un ouvrier étranger»; que « l'entreprise doit fournir à l'ouvrier le logement, la nourriture et les objets de première nécessité, ce qui entraîne l'augmentation du fonds de roulement de l'entreprise », le représentant de la société « Russo-Asiatic » proposa que «les normes des salaires soient les mêmes qu'en 1913, d'après le cours du rouble-or. »

2º Le projet de contrat obligeait, d'autre part, le concessionnaire à acheter pendant sept ans à l'étranger tous les objets nécessaires aux besoins personnels des ouvriers et de leur famille. M. Urquhardt proposa de ne limiter le droit d'achat ni quant au lieu, ni quant au temps, mais d'obliger les concessionnaires à les acheter sur les marchés où les produits coûtent le moins cher.

§ 2. EMBAUCHAGE ET CONGÉDIEMENT.

Entreprises affermées, coopératives et privées.

Les conditions de l'embauchage et du congédiement des ouvriers et des employés dans toutes les entreprises affermées, coopératives et privées, sont réglées par contrat collectif entre l'entrepreneur et le syndicat. Les dispositions de ce contrat ne peuvent cependant déroger aux règles fondamentales établies par le décret du 9 février 1922. Ces règles, qui ont été décrites plus haut, sont obligatoires pour toutes les entreprises, quel que soit leur caractère, et la volonté des parties ne saurait que les compléter sans les modifier.

Il y a lieu de tenir compte, en outre, des prescriptions générales contenues dans le décret sur la réglementation du travail dans les entreprises privées. D'après ce décret, l'embauchage des ouvriers et des employés se fait par l'intermédiaire des organes locaux du Commissariat du travail (Sections du travail). Cependant, si l'entrepreneur ne peut se procurer la main-d'œuvre requise par l'entremise de la Section du travail, l'embauchage peut se faire librement, moyennant l'autorisation préalable de la Section pour la répartition de la main-d'œuvre. Le renvoi des ouvriers ne peut se faire qu'avec l'assentiment du syndicat ; au contraire, le renvoi du personnel administratif supérieur peut s'effectuer sans que le syndicat soit consulté.

Entreprises concédées.

D'après les règles établies par la Commission des concessions, l'embauchage du personnel peut s'effectuer librement par le concessionnaire. Ce dernier n'est tenu que d'informer de son choix l'organisation syndicale. Le renvoi se fait avec préavis de quinze jours et moyennant une indemnité égale à quinze jours de salaire.

C'est d'après ces principes qu'ont été élaborées les clauses relatives à l'embauchage et au congédiement dans le projet de contrat collectif proposé par la Commission des concessions à la société « Russo-Asiatic ».

Ce projet donnait au concessionnaire le droit d'engager tous les ouvriers et employés selon son choix en se conformant aux dispositions du contrat collectif. Il devait simplement donner avis de tout engagement à la Section du travail du syndicat des mineurs. Le transfert des personnes employées dans des entreprises ou services d'Etat aux entreprises du concessionnaire était autorisé dans les mêmes conditions que le transfert entre deux entreprises d'Etat (§ 9)[1].

Le concessionnaire avait le droit de congédier les ouvriers et les employés avec préavis de deux semaines à la condition de payer d'avance, en sus du salaire et pour une période de deux semaines, la rémunération stipulée dans le contrat. En cas de renvoi non justifié par un motif suffisant, l'ouvrier ou l'employé congédié devait recevoir, pour toutes les pertes subies par lui du fait de son renvoi, une indemnité fixée par la Commission des conflits (§ 10).

Le représentant de la société « Russo-Asiatic » a objecté que l'exigence d'obtenir l'autorisation des chefs des diverses entreprises ou institutions ainsi que du Conseil central panrusse des syndicats en cas de transfert d'un travailleur d'une entreprise ou institution de l'Etat à l'entreprise concédée, constitue une limitation de la liberté individuelle de l'ouvrier et du concessionnaire en matière d'utilisation et de développement de l'entreprise.

---

[1] D'après l'article 3 du décret du 9 février 1922, les ouvriers et employés peuvent passer d'une entreprise à une autre conformément à une entente préalable entre les entreprises et les institutions intéressées, moyennant l'enregistrement de ce transfert par la section du travail compétente. (Voir plus haut page 33.)

§ 3. Les rapports entre entrepreneurs et ouvriers [1].

Les organes chargés d'assurer d'une manière courante les rapports entre les entrepreneurs et les ouvriers sont : 1º les comités d'usine (ou comités des ouvriers) et les comités des employés ; 2º les commissions paritaires.

En outre, certains organes ont été créés exclusivement en vue de prévenir ou de résoudre les conflits. Ce sont : 1º les chambres de conciliation et les tribunaux arbitraux ; 2º les commissions locales et centrales des conflits dans les entreprises concédées. Ces deux dernières catégories d'organes seront étudiées au cours du paragraphe suivant relatif aux grèves.

Comités d'usine.

Le Comité d'usine et le Comité des employés agissent conformément aux dispositions générales du décret sur les conditions du travail dans les entreprises privées.

Leur organisation et leur fonctionnement sont réglés d'après le statut général approuvé le 14 avril 1922 par le Conseil central panrusse des syndicats [2].

Ces comités sont composés de personnes élues à l'assemblée générale (ou assemblée de délégués) des ouvriers ayant le droit de faire partie des syndicats. Le système d'élection est établi par les syndicats. Le nombre des membres du Comité est déterminé en proportion du nombre total des ouvriers employés dans l'entreprise.

Les membres du comité sont libérés du travail et conservent leur salaire moyen, qui ne doit pas être inférieur au tarif de la catégorie correspondante. Ils sont payés par l'entrepreneur, qui a le droit de percevoir, pour l'entretien du secrétariat du Comité, une somme spéciale qui ne doit pas dépasser 2 pour cent de toutes les sommes payées à titre de salaire.

Les fonctions des comités peuvent être décrites comme suit :

1º Le comité représente, vis-à-vis de l'administration de l'entreprise ou institution, les ouvriers ou employés dans toutes les questions ayant trait aux rapports entre l'employeur et son personnel.

2º Il assure la représentation des ouvriers ou employés auprès des organisations publiques ou de l'Etat.

3º Il défend, dans la mesure du possible, les intérêts des ouvriers et employés dans le domaine du travail et des conditions de vie.

4º Il assiste les organes de l'Etat en vue d'assurer la protection du travail.

5º Il prend des mesures pour améliorer les conditions matérielles et culturelles de la vie ouvrière.

---

[1] Voir Annexe VIII, nos 1 et 2.

[2] *Pravda*, 19 avril 1922.

Commissions paritaires.

Des Commissions paritaires ont été créées dans toutes les entreprises, en vertu d'un arrêté du Commissariat du travail[1].

Dans les grandes entreprises comprenant plusieurs ateliers, des commissions paritaires peuvent être constituées pour les divers ateliers et fonctionner à côté de la Commission paritaire principale. Celle-ci doit néanmoins approuver leurs décisions.

Les Commissions paritaires sont composées d'un nombre égal de représentants du comité d'usine ou du comité d'employés, et de représentants de l'administration de l'industrie. Les membres de la Commission qui représentent les ouvriers sont confirmés dans leurs fonctions par la section locale du syndicat intéressé et ne peuvent être révoqués qu'avec l'assentiment de celui-ci. Les pouvoirs de ces délégués expirent en même temps que ceux du comité d'usine ou d'employés qui les a élus.

Dans les entreprises employant moins de trente ouvriers, les fonctions du délégué ouvrier à la Commission paritaire sont remplies par le représentant de la Section locale du syndicat intéressé. Aux séances de la Commission, chacune des parties remplit à tour de rôle les fonctions de président. La Commission a un secrétaire permanent rétribué par l'entreprise.

Les membres s'acquittent de leurs fonctions pendant les heures de travail et doivent être rétribués par l'entrepreneur d'après un tarif qui ne peut être inférieur au salaire moyen.

Les Commissions paritaires ont pour fonctions :

1o d'appliquer tous les règlements qui découlent des contrats collectifs ;

2o d'apaiser les conflits qui surgissent entre employeurs et employés au sujet de l'application de ces contrats ;

3o d'établir des épreuves professionnelles ;

4o de fixer les normes de la production ;

5o d'établir l'ordre des congés ;

6o d'élaborer les règlements d'ordre intérieur.

Chaque partie, au sein de la Commission, jouit d'un nombre égal de voix, quel que soit le nombre des membres présents à la séance.

Les questions doivent être examinées dans les vingt-quatre heures à partir de leur présentation à la Commission.

Les décisions de la Commission sont obligatoires pour les deux parties et ne sont pas susceptibles d'appel. Les questions au sujet desquelles aucune entente n'a pu être obtenue au sein de la Commission sont renvoyées devant la Chambre de conciliation ou devant un tribunal arbitral.

---

[1] *Izvestia*, 20 août 1921.

§ 4. LES GRÈVES.

Règlements généraux.

La tendance générale des organes gouvernementaux et professionnels est de réduire la fréquence des grèves. En principe, le droit de grève reste intact, tant dans les entreprises et institutions d'Etat que dans les entreprises privées. Mais il est recommandé de n'en user qu'à la dernière extrémité, après avoir utilisé tous les moyens de conciliation.

En pratique, l'attitude des syndicats et des administrations diffère suivant que le conflit éclate dans une entreprise de l'Etat ou dans une entreprise privée. Dans le premier cas, il est admis que les grèves ne doivent pas être tolérées et qu'elles peuvent même entraîner des sanctions. Dans le second cas, on s'efforce d'éviter les grèves, mais elles sont tolérées et ne donnent lieu à aucune répression. Dans les deux cas, le recours à l'arbitrage est obligatoire avant qu'aucune grève ne puisse être déclarée.

Les conflits sont examinés en première instance par la Commission paritaire d'entreprise, en seconde instance par la Chambre de conciliation près l'organe local du Commissariat du travail. Enfin, le tribunal arbitral statue en dernier ressort.

Les méthodes adoptées pour prévenir et pour déclarer les grèves sont décrites dans le décret du 2 janvier 1922 et dans la résolution du Conseil central panrusse des syndicats du 19 février 1922. En voici un résumé :

Un syndicat peut déclarer illégale toute grève commencée sans son approbation et poursuivre les délinquants par les voies professionnelles. Aucune organisation syndicale (hormis le Conseil central panrusse des syndicats) ne peut déclarer la grève dans un district sans l'approbation de l'organe syndical immédiatement supérieur. Toute grève déclarée dans le district d'un Conseil intersyndical départemental est illégale si elle n'a pas été sanctionnée par ledit Conseil et par le Comité central du syndicat intéressé. Le Comité central d'un syndicat peut déclarer la grève et en informer le Conseil intersyndical départemental intéressé ; s'il y a désaccord entre les deux organes, le Conseil central panrusse des syndicats tranche le différend.

Les décisions du Comité central d'un syndicat en matière de déclaration de grève ou de reprise du travail sont obligatoires. Tout organe local qui ne s'y conforme pas pourra être dissous.

Le Comité central du syndicat publiera un règlement concernant la déclaration, la direction ou la suspension des grèves ; ce règlement devra être sanctionné par le Conseil central panrusse des syndicats.

Un représentant de la direction du syndicat est délégué auprès de l'entreprise au premier indice d'un conflit. Ce représentant se fait exposer par les ouvriers les causes du mécontentement ; il détermine ensuite quelles sont les revendications pour lesquelles il y a lieu d'obtenir satisfaction et il s'en fait l'interprète auprès de l'administration de l'entreprise.

Si cette démarche ne donne pas de résultat, le représentant du syndicat, après avoir dressé un procès-verbal des négociations, déclare l'existence d'un conflit. Il propose à ce moment aux ouvriers, au nom du syndicat, de continuer le travail tranquillement et leur indique les questions qui restent en litige et seront examinées par la Chambre de conciliation ainsi que les points sur lesquels on est arrivé à un accord.

La Chambre de conciliation est créée auprès de l'organe local du Commissariat du travail ; elle est composée, suivant le principe paritaire, de représentants des deux parties. Ceux des ouvriers sont désignés par la fédération locale intersyndicale et ceux de l'administration de l'entreprise par l'organe économique local. Ainsi, la Chambre pourra être composée de deux représentants du Conseil départemental de l'économie nationale, s'il s'agit d'entreprises d'État, ou de deux représentants du capital privé, s'il s'agit d'entreprises privées, et de deux représentants du Conseil départemental intersyndical.

Les questions examinées par les chambres de conciliation sont tranchées à l'amiable et dans le plus bref délai possible (quarante-huit heures).

Si l'on ne peut arriver à un accord au sein de la chambre de conciliation, les parties s'entendent pour choisir un arbitre et organisent un tribunal d'arbitrage composé de cet arbitre et de représentants en nombre égal des deux côtés ; la décision de ce tribunal est obligatoire et sans appel.

Si les parties ne peuvent s'accorder sur le choix de l'arbitre, les syndicats ont le droit de faire présider le tribunal d'arbitrage par un représentant de l'Etat, membre de l'organe local du Commissariat du travail.

Les infractions à la loi de la part des ouvriers, employés et domestiques non syndiqués, — quand il n'y a pas d'accord collectif, — sont examinées sans appel par les organes du Commissariat du travail avec participation du syndicat intéressé.

Quand un accord collectif embrasse plusieurs entreprises et établissements, on créera des commissions de conflits dont la compétence s'étendra à toutes ces entreprises. Ces commissions connaissent de toutes les questions et contestations relatives à l'interprétation et à l'application du contrat collectif.

On remarque actuellement une tendance à rendre l'union professionnelle, en tant que partie au contrat collectif, responsable des infractions au contrat commises par ses membres. Une circulaire du Conseil central panrusse des syndicats et du Conseil suprême de l'économie nationale s'exprime comme suit à ce sujet :

En cas de non-exécution du contrat collectif, l'une comme l'autre des parties peut en être rendue responsable. Pour autant que ce contrat est obligatoire, les syndicats professionnels répondent de l'exécution dudit contrat par les membres du syndicat, et si le contrat s'étend à des non-syndiqués, il répond de ces derniers [1].

---

[1] *Economitcheskaia Jizn*, 22 février 1922.

Entreprises affermées, coopératives et privées.

Les conflits surgissant dans les entreprises affermées, coopératives et privées au moment de la conclusion d'un accord sont
liquidés par une organisation intersyndicale.

Les conflits soulevés par l'application de l'accord collectif sont
examinés par les commissions paritaires.

Les conflits qui ne peuvent être tranchés par cette voie doivent
être soumis à l'organisation syndicale qui a conclu le contrat.
Appel peut être interjeté de la décision de cet organe devant la
Commission des conflits de la Section du travail près le Soviet
local des ouvriers et paysans.

Entreprises concédées.

La Commission des concessions a établi commè règle générale
en matière de conflits dans les entreprises concédées que tous les
conflits entre le concessionnaire et les ouvriers doivent être soumis
aux Commissions locales des conflits et, dans le cas où les parties
ne peuvent arriver à un accord devant cet organe, à la Commission
centrale des conflits.

Dans le projet de contrat collectif, proposé à la Société « Russo-
Asiatic », les clauses suivantes sont prévues pour la solution des
conflits :

Une Commission locale des conflits sera constituée en vue de
trancher les différends que pourrait faire naître l'interruption ou
l'application du contrat collectif et des contrats individuels conclus
entre le concessionnaire et ses ouvriers et employés. Les différends
survenus entre le concessionnaire et le syndicat, qui ne concernent
pas les ouvriers du concessionnaire, seront tranchés par la Commission centrale des conflits (§ 4).

La Commission locale des conflits, constituée sur la base paritaire, comprendra deux représentants du concessionnaire et deux
représentants du syndicat des mineurs. Dans le cas où les
deux parties arriveraient à un accord devant la Commission locale
des conflits, les décisions de cette dernière, obligatoires pour les
parties, seraient considérées comme définitives et sans appel. Si
tel accord n'intervenait pas, la question serait soumise à la Commission centrale des conflits (§ 5).

La Commission centrale des conflits, constituée sur la base
paritaire, comprendra deux représentants du Conseil central panrusse des syndicats, d'une part, deux représentants du concessionnaire, d'autre part, et un président. Les membres de la Commission
centrale des conflits nommeront leur président par accord mutuel.
A défaut d'accord, le président de la Commission centrale des
conflits sera nommé par la Commission arbitrale prévue par le
contrat de concession (§ 6).

Les décisions de la Commission centrale des conflits, obligatoires
pour les deux parties, seront considérées comme définitives et sans
appel (§ 7).

La procédure suivie par les Commissions des conflits sera déterminée par le contrat collectif. (§ 8).

§. 5. Le rôle des syndicats dans la gestion des entreprises [1].

La nouvelle politique économique a obligé les syndicats, le parti communiste et le Conseil suprême de l'économie nationale à réexaminer la question de la participation des syndicats à la gestion des entreprises.

Il n'y a aucun décret à ce sujet ; toutefois, il existe de nombreux documents tels que les rapports et les thèses du Conseil central panrusse des syndicats, les rapports aux congrès du parti communiste, etc., qui permettent d'apercevoir quelle est à l'heure actuelle la tendance générale de la politique des soviets en cette matière.

Ces documents ne concernent, il est vrai, que les entreprises nationalisées et gérées par l'Etat et non les entreprises particulières. Mais si l'on admet, ce qui est indiscutable, que les droits appartenant aux syndicats sont beaucoup plus étendus dans les premières que dans les dernières, on peut en déduire que les textes relatifs aux premières indiquent assez exactement l'évolution du rôle que jouent les syndicats dans la gestion des entreprises.

Les mesures les plus récentes du gouvernement des soviets révèlent une tendance à faire abandonner par les syndicats leur participation à la gestion des entreprises, mais ceux-ci n'en exercent pas moins une influence encore considérable dans la solution de toutes les questions ayant trait à l'activité de l'industrie.

La résolution du IXme Congrès des soviets de décembre 1921 décrivait comme suit la tâche nouvelle des syndicats :

> Le IXme Congrès estime que la nouvelle politique économique ne peut être réalisée qu'avec la collaboration des syndicats.
>
> La création des unions d'entreprises, l'établissement de leur programme de production, les questions d'impôts et de politique financière, les listes des entreprises à affermer, les conditions des contrats d'affermage, l'organisation du travail et de la direction des entreprises industrielles, tout cela doit être étudié en commun avec les syndicats.
>
> L'une des tâches spéciales des syndicats sous le régime de la nouvelle politique doit être de créer des organisateurs ouvriers pour occuper les postes de directeurs responsables des entreprises d'Etat.

Dans sa séance plénière du 28 décembre 1921 le Comité central du parti communiste, d'accord avec le Conseil central panrusse des syndicats, a adopté la résolution suivante relative au rôle des syndicats dans la gestion des entreprises :

> Le rétablissement rapide de la grande industrie exige incontestablement, vu les circonstances régnant actuellement en Russie, la concentration de tout le pouvoir entre les mains des administrations des usines.
>
> La participation des syndicats dans les organes économiques et gouvernementaux de l'Etat prolétarien doit être organisée pour la prochaine période sous la forme suivante :
>
> Les syndicats participeront à l'organisation de tous les organes liés à l'économie nationale en proposant des candidats dont ils indiqueront le stage, l'expérience, etc. Le droit de nomination cependant appartiendra uniquement aux organes économiques, qui ont aussi toute la responsabilité du travail. Les organes économiques tiendront compte des qualifications de tous les candidats présentés par le syndicat.

---

[1] Voir Annexe IX.

Une des tâches principales des syndicats consistera dans la préparation et la présentation d'administrateurs, sortant des masses ouvrières en général.

Il est indispensable de renforcer la participation des syndicats à tous les organes s'occupant des projets de l'Etat prolétarien, de l'élaboration des plans économiques, des programmes de production et de la distribution des fonds de ravitaillement des ouvriers ; il faut qu'ils participent aussi à l'établissement des listes d'entreprises qui doivent être ravitaillées par l'Etat, affermées, concédées, etc.

Les syndicats, tout en n'exerçant pas de contrôle immédiat sur la production des entreprises particulières ou affermées, participent à la réglementation de la production capitaliste privée par leur simple représentation aux organes d'Etat correspondants.

Une résolution analogue fut prise par le Conseil central panrusse des syndicats. En voici les passages essentiels :

Le principe du « rendement commercial » comme tel exige une stricte responsabilité des personnes auxquelles l'Etat a donné des pleins pouvoirs, car l'Etat, en leur laissant une entière liberté d'initiative, impose aux administrations des unions industrielles et des entreprises séparées une plus grande responsabilité. Cette responsabilité exige à son tour plus de souplesse, d'esprit d'initiative et d'unité de volonté qui ne peuvent exister que s'il y a un pouvoir unique dans l'administration de l'entreprise.

Ceci implique la nécessité de réexaminer les relations entre les organes des syndicats et les organes économiques, en matière d'administration de l'industrie, dans le sens de la renonciation de la part des syndicats à toute immixtion directe dans la marche de l'entreprise, ainsi qu'à la participation sur un pied d'égalité à la nomination des directions d'usine et des autres organes d'administration de l'industrie.

Il faut établir comme règle que les syndicats discutent avec les organes économiques toutes les candidatures aux postes d'administration des entreprises, quel que soit l'organisme qui propose le candidat. En même temps il faut renforcer la participation des syndicats à tous les organes s'occupant des projets de l'Etat prolétarien, de l'élaboration des plans économiques, des programmes de production et de la distribution des fonds de ravitaillement des ouvriers ; il faut qu'ils participent aussi à l'établissement des listes d'entreprises qui doivent être ravitaillées par l'Etat, affermées, concédées, etc.

La circulaire élaborée conformément à cette résolution et signée par les présidents du Conseil central panrusse des syndicats, et du Conseil suprême de l'économie nationale établit les rapports suivants entre les syndicats et les administrations des entreprises :

Les organes économiques directeurs (trusts, administrations) ont pleine autorité en ce qui concerne la direction des entreprises qui leur sont confiées. C'est sur eux que repose toute la responsabilité de la direction, et l'intervention des syndicats ne peut donc excuser le travail insuffisant de l'industrie. Aussi, toute intervention directe des syndicats professionnels dans la direction de l'entreprise est-elle inadmissible.

Dans ces conditions, quand un comité d'usine ou un autre organe syndical remarque quelque faute de la part d'un organe économique, il doit, sans intervenir directement, le signaler aux organes syndicaux et aux compétences économiques.

L'action des syndicats professionnels dans l'organisation économique est indiquée de la façon suivante :

Lors de la formation de toutes les directions, qu'il s'agisse des trusts ou des entreprises séparées, les organes économiques devront inviter les syndicats professionnels à présenter des candidats et leur soumettre les leurs ; quoique la décision définitive appartienne aux organes économiques, la nomination devra être examinée..... d'accord avec les syndicats,...

Les syndicats professionnels doivent se faire représenter pour l'élaboration des programmes des organes économiques, ... la désignation des entreprises devant faire partie d'un trust,..... ou être affermées,.... les rapports avec l'étranger, la détermination des branches industrielles dans lesquelles on pourra admettre la constitution de sociétés mixtes, ainsi que l'examen des conditions dans lesquelles le capital privé peut être admis dans l'industrie russe.....

Pour l'établissement des contrats collectifs et la fixation des normes de travail, la réglementation des salaires et des conditions du travail aux pièces,..... les syndicats professionnels doivent se faire représenter..... et les directions devront périodiquement exposer aux assemblées générales des ouvriers, les caractéristiques de la production,..... les programmes de l'Etat, etc., etc.

CONCLUSION

L'étude que nous venons de faire de la législation soviétique montre la grande influence exercée par la nouvelle politique économique sur l'organisation de l'industrie et les conditions du travail en Russie.

La nationalisation, en tant que principe, reste encore en vigueur mais les formes d'administration se sont diversifiées et l'importance du rôle direct de l'Etat diminue pour un nombre d'entreprises toujours plus grand.

La petite industrie est désormais soustraite à la nationalisation. Les entreprises qui restent nationalisées doivent autant que possible être affermées à des particuliers qui reçoivent l'autorisation de les exploiter d'après les formes de l'économie capitaliste privée. Il résulte pourtant des chiffres que nous reproduisons en annexe que l'affermage n'a pas reçu jusqu'à présent une application très étendue ; le nombre des entreprises données à bail est insignifiant, et toutes appartiennent à la petite ou à la moyenne industrie. L'espoir que les autorités avaient mis dans le décret du 5 juillet 1921 ne semble donc pas s'être réalisé, de leur aveu même.

Le nombre des entreprises gérées directement par l'Etat et ravitaillées par lui en matières premières, combustible, etc., ainsi que le nombre des ouvriers et employés entretenus aux frais de l'Etat diminue. Le manque d'argent et d'autres ressources a obligé l'Etat d'établir comme règle générale que les entreprises doivent être gérées sur la base du « rendement commercial ». Pour cela, il a fallu autoriser un grand nombre d'établissements à s'adresser directement au marché libre pour s'y ravitailler en combustible, en matières premières ainsi qu'en argent. Le désir d'obtenir de l'argent sur le marché libre a eu pour conséquence nécessaire l'appel au capital privé et a donné lieu à la création d'un type nouveau d'entreprises : les sociétés mixtes par actions, où le capital privé est admis à participer presque sur un pied d'égalité avec l'Etat.

Les renseignements que nous possédons sur ces sociétés sont encore très rares ; leur nombre est trop restreint et leur création trop récente pour qu'on puisse en apprécier l'importance ou les résultats. Nous ne pouvons pas davantage porter un jugement sur les concessions dont la question ne semble pas avoir été étudiée à fond jusqu'à présent par le gouvernement soviétique lui-même. Mais c'est partout le même effort pour obtenir des ressources nouvelles, créer des moyens nouveaux d'exploitation en abandonnant la gestion directe des entreprises.

Ainsi donc, à mesure que se développe la nouvelle politique économique, le gouvernement des soviets rétrécit davantage sa sphè e d'activité en matière d'administration industrielle et laisse un champ plus large au capital privé.

* * *

En donnant naissance à des entreprises partiellement ou totalement indépendantes de l'Etat, la nouvelle politique économique a posé d'autre part la question de la revision des lois sur les conditions du travail.

A côté des règles fondamentales, applicables à toutes les entreprises quelles qu'elles soient, il a fallu introduire de nouvelles dispositions régissant les rapports des administrations ou des entrepreneurs avec leur personnel. Cette nouvelle législation est encore en voie d'élaboration et l'on ne peut juger de ce qu'elle sera que par les tendances générales qui se font jour dans les résolutions et rapports des divers congrès ou commissions et par l'usage qui s'établit dans certaines entreprises.

Il faut attendre la publication du nouveau Code des lois sur le travail, actuellement en préparation, pour apprécier définitivement l'influence de la nouvelle politique économique sur la législation ouvrière. Toutefois, nous pouvons dès maintenant — nous en tenant aux informations parues dans les publications soviétiques que nous avons utilisées au cours de la présente étude — mentionner quelques innovations.

La suppression de fait du travail obligatoire et l'autorisation accordées aux entreprises dirigées par des particuliers de disposer librement de la main-d'œuvre ont soumis celle-ci de nouveau à la loi de l'offre et de la demande. La répercussion n'a pas tardé à se faire sentir sur le mode d'établissement des salaires qui sont actuellement réglés dans ces entreprises par accord mutuel entre les parties.

De même, les rapports entre l'administration et les travailleurs sont nécessairement différents dans les entreprises gérées par des particuliers de ce qu'ils sont dans les entreprises nationalisées dirigées par l'Etat.

Mais, comme nous l'avons dit, le gouvernement des soviets n'a pas encore de législation définitive et complète à ce sujet. On peut dire qu'à l'heure actuelle les conditions du travail sont régies par trois catégories de législations différentes. La première est commune à toutes les entreprises ; la deuxième ne s'applique qu'aux entreprises nationalisées gérées par l'Etat ; la troisième s'étend uniquement aux entreprises dirigées par des particuliers. En comparant les dispositions de la première et de la deuxième catégories avec celles qui ont été en vigueur jusqu'en 1921 [1], on constate aisément qu'elle est l'importance des modifications qu'ont apportées dans ce domaine de la législation — par exemple l'assurance sociale, l'embauchage et le congédiement — les conditions créées dans la Russie des soviets par la nouvelle politique économique.

---

[1] Voir BUREAU INTERNATIONAL DU TRAVAIL : *Les conditions du travail dans la Russie des Soviets.* Questionnaire méthodique et bibliographie préparés pour une mission d'enquête en Russie. Harrison and Sons, Londres, 1921.

ANNEXES [1]

ANNEXE I.

Les « trusts d'État ».

1. L'INDUSTRIE GÉRÉE PAR L'ETAT.

La situation générale des trusts d'Etat constitués en vertu des décrets des 12 et 16 août 1921 était la suivante à la date du 1er février 1922 .[2]

Le nombre total des entreprises existant dans les branches d'industrie où des « trusts » avaient été organisés était de 3.354.

Le nombre d'entreprises organisées en « trusts » était de 989, soit 29 % du total.

Le nombre total d'ouvriers travaillant dans les diverses branches d'industrie où des « trusts » avaient été organisés était de 769.000.

Le nombre d'ouvriers dans les entreprises organisées en « trusts » était de 501.000, soit 63 % du total.

Le pourcentage du nombre des entreprises et des ouvriers dans les branches d'industrie où des trusts avaient été organisés, par rapport au nombre total des entreprises et des ouvriers dans chacune de ces industries, était le suivant [3] :

Industries	Entreprises	Ouvriers
Electrotechnique	100	100
Textile	72	81
Matériaux de construction	41	52
Aliments	41	92
Papier	35	54
Produits chimiques	19	44
Charbon	37	6

[1] Les données statistiques que nous reproduisons dans les annexes sont empruntées à des publications soviétiques et imprimées telles qu'elles y ont paru.
On remarquera que les chiffres totaux ne donnent pas dans tous les cas la somme exacte des chiffres additionnés ; que les données relatives au même fait ne concordent pas toujours d'un tableau à l'autre ou que parfois les pourcentages ne correspondent pas aux chiffres absolus. N'ayant aucun moyen de rectifier ces erreurs, nous nous sommes bornés à reproduire les données telles que nous les avons trouvées dans les sources soviétiques.

[2] *Economitcheskaia Jizn*, 25 février 1922.

[3] *Ibid.*

2. Les « trusts » ravitaillés par l'Etat

au 15 décembre 1921.

Industries	Entreprises	Ouvriers
Lin .	17	20.195
Bois	42	7.365
Prod. chimiques	14	10.334
Thé.	15	979
Métallurgie	3	35.000
Matières colorantes	8	1.136
Plomb et zinc	3	1.600
Platine	6	—
Or	1	—
Oural Asbest	3	2.680

Au 1ᵉʳ janvier 1922.

Industries	Nombre de « trusts »	Industries	Nombre de « trusts »
Textile	13	Papier	2
Bois	6	Electrotechnique	2
Prod. chimiques.	6	Alimentation	2
Mines	5	Matériaux de construc.	4
Métallurgie.	3		

3. Industrie gérée par l'Etat dans le département de Moscou (y compris Moscou-ville) au 1ᵉʳ mars 1922 [1].

L'industrie gérée par l'Etat dans le département de Moscou (y compris Moscou-ville), comptait au 1ᵉʳ mars 1922, 496 entreprises occupant 165.280 travailleurs, dont 23.746 seulement étaient complètement ravitaillés par l'Etat.

Entreprises constituées en « trusts ».

Industries	Nombre de trusts	Nombre d'entreprises		Nombre d'ouvriers		Nombre d'employés	
		Total	En activité	Total	Dans les entreprises en activité	Total	Dans les entreprises en activité
Textile.	16	217	170	101.703	94.673	9.512	8.942
Imprimerie	1	10	10	3.498	3.498	357	357
Alimentation	1	32	27	5.852	5.742	1.127	1.083
Bois	1	21	20	1.114	1.104	166	163
Prod. chimiques.	3	18	13	1.842	1.781	353	315
Bâtiment.	3	48	34	2.984	2.716	310	242
Electricité	1	31	31	110	110	60	60
Cuirs	1	23	23	2.341	2.341	449	449
Total	27	400	328	119.444	111.965	12.334	11.611

---

[1] *Economitcheskaia Jizn*, 4 avril 1922.

Entreprises non constituées en « trusts »[1].

Industries	Nombre d'entre-prises en activité	Nombre d'ouvriers	Nombre d'employés
Vêtement	25	21.246	1.593
Métallurgie	47	7.361	1.561
Imprimerie	18	2.113	200
Electricité.	1	31	2
Produits chimiques	5	87	31
Total.	96	30.838	3.387

[1] Une partie de ces entreprises sont en voie de groupement.

ANNEXE II.

Les entreprises gérées et ravitaillées par l'Etat.

La tendance fondamentale du gouvernement soviétique à l'égard de l'industrie nationalisée, gérée et ravitaillée par l'Etat, consiste à supprimer le ravitaillement par l'Etat d'un nombre d'entreprises aussi considérable que possible.

1. BALANCE GÉNÉRALE DE L'INDUSTRIE RAVITAILLÉE PAR L'ETAT.

Voici, d'après le budget du Conseil suprême de l'économie nationale, du 1er janvier jusqu'au 1er octobre 1922, la balance générale de l'industrie ravitaillée par l'Etat (en millions de roubles-or) [1].

Industries	Production en 1922	Dépenses pour la production	Valeur des disponibilités de l'Etat et des recettes sans contre-partie en argent	Déficit
Forestière	78,0	74,2	24,0	50,2
Tourbe	10,5	10,2	1,8	6,2
Charbonnière	63,5	82,5	37,6	44,9
Naphte	85,0	52,0	29,1	23,0
Minière	16,7	16,7	5,2	11,6
Métallurgique	123,0	135,0	60,1	67,4
Electrotechnique	16,6	14,9	6,5	8,4
Textile	149,2	139,9	68,9	55,0
Chimique	49,8	44,0	20,4	14,8
Minerais	11,6	10,6	2,7	6,1
Papier	6,9	14,4	8,3	6,1
Produits animaux	93,0	92,3	29,2	54,4
Aliments	87,1	81,3	29,5	28,8
Sucre	19,5	21,0	1,8	19,0
Autres	96,4	105,0	34,4	70,6
Total	906,6	894,1	359,3	466,8

D'après les renseignements fournis au Conseil suprême de l'économie nationale en février 1922, une somme de 371 millions de roubles-or était nécessaire comme fonds de roulement pour tous les trusts.

---

[1] *Economitcheskaia Jizn*, 10 janvier et 5 février 1922.

Les sommes suivantes furent reçues effectivement par les diverses branches de l'industrie [1].

Industries	Sommes nécessaires	Sommes reçues
	(en millions de roubles-or)	
Textile	154	72
Métallurgique	60	38
Electrotechnique	11	7
Construction	7	4

« L'union industrielle *Gomza* devait recevoir de l'Etat 21 milliards afin de payer les salaires de trois mois (août, septembre, octobre), salaires qui étaient loin d'atteindre le minimum nécessaire pour vivre ; elle n'en a reçu toutefois qu'un milliard et demi. En général, 10 % des besoins seulement furent satisfaits par les administrations centrales de l'Etat ; pour les 90 % restants, pas un sou ne fut attribué. On peut dire la même chose des entreprises qui s'occupaient de l'approvisionnement en bois et d'autres qui ne furent pas ravitaillées du tout ou ne le furent que pour une très faible partie de leurs besoins. Quant aux sommes en espèces qui devaient remplacer les produits manquants dans le ravitaillement par l'Etat, elles ne furent presque jamais payées. Il en résulte que les usines n'ont pas du tout de fonds de roulement. Dans de pareilles conditions, tout effort pour introduire le « rendement commercial » est impossible [2]. »

« Il faut l'avouer franchement, disait M. Taratouta à la conférence des trusts, le ravitaillement par l'Etat n'existe pas, et il faut en tirer les conclusions. Le trust que je représente, dont le budget mensuel est de 300 milliards, n'a reçu que 10 millions de roubles soviétiques. Dans ces conditions-là, le sens principal de la formation des trusts, c'est-à-dire la responsabilité des chefs, disparaît, car dans de pareilles conditions il est impossible d'assumer une responsabilité quelconque.

« L'industrie ukrainienne n'a reçu en janvier que 204,000 roubles, au lieu des 10 millions et demi prévus par le budget ; elle n'a reçu de vivres que pour 120,000 ouvriers au lieu de 235.000... »

« En fait, il n'y a pas de ravitaillement par l'Etat en Ukraine », disait à la conférence des trusts le représentant du Conseil d'économie nationale ukrainien. « La cause principale de la faiblesse de l'industrie, d'après l'opinion de M. Kactyne, est l'absence de fonds de roulement, de capitaux. Telle est la raison fondamentale de l'impuissance et de l'anémie des entreprises industrielles. L'Etat a donné à ses unions industrielles d'assez grands capitaux au moment de la fondation, exigeant de grandes dépenses pour l'amortissement, mais il a accordé trop peu ou pas du tout de fonds de roulement et de capitaux de réserve pour le travail courant ; en même temps, toute ou presque toute la production est perçue par les commissariats des chemins de fer, de l'instruction publique, de l'hygiène, etc., à titre de « compensation pour le ravitaillement».

---

[1] *Economitcheskaia Jizn*, 25 février 1922.
[2] *Ibid*, 6 décembre 1921.

Où l'industrie doit-elle se procurer les fonds de roulement ? Dans certaines branches de l'industrie, dont la production est *entièrement* absorbée par les besoins militaires, cette question se pose dans toute son acuité aux dirigeants des entreprises et des unions, en les menaçant de l'arrêt complet de la production... »

·« Tout le monde sait, d'après l'expérience pratique, disait-on à la conférence des trusts, que le ravitaillement par l'État se borne à des quantités insignifiantes ; l'entreprise doit faire elle-même l'acquisition de ses fonds de roulement, même si elle est « ravitaillée » par l'Etat. Où que l'on s'adresse, partout on demande un paiement immédiat en marchandises et en argent [1].

« En fait, le ravitaillement par l'Etat se réduit à la partie insignifiante de vivres que doivent recevoir les entreprises dont le ravitaillement par l'Etat est maintenu. Quoique le nombre de ces entreprises soit insignifiant, que les ressources obtenues par elles soient minimes, le ravitaillement par l'Etat est d'une irrégularité incroyable.

« En même temps, l'industrie ravitaillée par l'Etat, donc la plus importante de toutes, est limitée dans son activité, surtout en ce qui concerne les commandes et le ravitaillement, et se trouve être par là-même dans une situation infiniment plus désavantageuse que l'autre partie de l'industrie, qui, n'étant pas ravitaillée par l'Etat parce que n'ayant pas la même importance, ne connaît pas ces restrictions à son activité. »

En partant de ces constatations, les représentants des trusts ont exigé « que l'industrie nationalisée ne soit plus ravitaillée par l'Etat en aucune façon, car le ravitaillement par l'Etat est pour l'industrie ce qu'est la chaîne pour le forçat qu'elle tient attaché [1].»

« Pour autant qu'il est évident, écrivait M. Lomov, que l'ancien plan de ravitaillement par l'Etat a fait faillite et doit être modifié, il faudra soustraire au ravitaillement par l'Etat dans un avenir prochain quantité de branches de l'industrie [3].»

Sous l'influence des considérations ci-dessus, une partie des entreprises et des institutions de l'Etat (par exemple l'administration centrale des combustibles, les transports, etc.) ne sont plus ravitaillées par l'Etat, mais doivent être organisées sur la base du « rendement commercial ».

2. LE RAVITAILLEMENT DES OUVRIERS PAR L'ETAT.

A l'égard d'autres entreprises on procéda à une forte diminution de l'approvisionnement par l'Etat des ouvriers employés dans les entreprises gérées et ravitaillées par l'Etat.

Le décret du Conseil suprême de l'économie nationale du 6 février 1922 stipulait :

Afin d'atténuer les conséquences très graves qui pourraient résulter pour l'industrie de la crise qui approche, à cause des difficultés en matière

---

[1] *Economitcheskaia Jizn*, 28 janvier 1922.

[2] *Ibid*, 18 janvier 1922.

[3] A. LOMOV : « Un pas en avant, deux pas en arrière », dans *Economitcheskaia Jizn*, 11 janvier 1922.

de ravitaillement, le presidium du Conseil suprême de l'économie nationale estime qu'il est nécessaire de prendre des mesures urgentes pour cesser le ravitaillement par l'Etat du plus grand nombre possible d'entreprises.

Pour la période mai-octobre 1921 il y avait 1.579.207 ouvriers employés dans les industries qui devaient être ravitaillées par l'Etat. En décembre, 1.118.126 ouvriers seulement furent laissés au « ravitaillement blindé » ; en janvier 1922, 1.100.000 ; en février 1922, 1.043.469. A partir de février ce nombre devait être réduit d'après le plan suivant, élaboré par la Section économique près le Conseil suprême de l'économie nationale. Devaient être soustraites au ravitaillement :

à partir du 1er mars   119.882 personnes.
  »   1er avril   248.594   »
  »   1er mai   125.789   »
  »   1er juin   55.073   »

Le nombre d'ouvriers que l'Etat continue à ravitailler ne doit donc plus s'élever à partir du 1er juin qu'à 494.131.

Le Conseil suprême de l'économie nationale a dressé un tableau des entreprises qui continueront à recevoir les rations alimentaires sur les ressources de l'Etat pour la période mars-septembre [1].

Organes économiques	Nombre d'ouvriers					
	restant à ravitailler au 1er fév. 1922	dont le ravitaillement doit être supprimé				restant à ravitailler au 1er juin 1922
		au 1er mars	au 1er avril	au 1er mai	au 1er juin	
Conseil des industries de guerre	166.342	—	22.342	—	33.069	140.000
Métallurgie	192.193	16.721	11.966	17.954	32.004	100.479
Produits chimiques.	26.902	6.305	12.678	—	—	7.919
Papier	17.134	28	—	17.106	—	—
Textile	190.994	16.707	97.671	54.443	—	30.173
Sucre.	8.406	28	8.378	—	—	—
Cuirs.	30.627	4.184	11.443	15.000	—	—
Forêts	21.169	15.385	—	—	—	5.784
Charbon	85.975	37	—	—	—	85.938
Naphte	53.598	560	53.038	—	—	—
Schiste	2.042	34	2.008	—	—	—
Ponts et chaussées .	63.467	21.438	3.507	—	—	38.522
Electricité	27.243	14.782	1.220	—	—	11.241
Industrie agricole .	12.004	—	3.222	2.185	—	6.597
Habillement. . . .	25.609	3.053	—	22.556	—	—
Construction . . .	15.221	2.468	8.361	—	—	
			3.434	—	—	.958
Typographie . . .	27.480	17.800	5.051	—	—	4.629
			2.225			
Mines	41.385	52	1.970	6.545	—	30.293
Géologie	4.000	300	—	—	—	3.700
	463	—	—	—	—	463
Supplément pour le C. S. d'E. N. . .	27.215	—	—	—	—	27.215
Réserves du C. S. d'E. N.	—	—	—	—	—	16.089
Totaux . . .	1.043.469	119.882	248.594	125.789	55.073	510.000

---

[1] *Economitcheskaia Jizn*, 19 février 1922.

ANNEXE III.

Le financement d'entreprises non ravitaillées par l'Etat.

La Division des opérations de la Banque d'Etat a élaboré les règlements suivants pour le financement de l'industrie.

Un crédit à la production est ouvert aux entreprises pour des buts déterminés. Les dates et les moyens de remboursement des crédits, le montant des intérêts ainsi que l'importance et la nature des garanties sont réglés par des accords spéciaux.

Le crédit est de courte durée : neuf mois au maximum. Les 62 % du capital initial de la Banque sont employés à créditer l'industrie d'Etat ; les 25 % sont utilisés pour la coopération et les 12,5 % pour les crédits à l'industrie et au commerce privés.

Le montant d'un crédit pour la production alloué à un seul emprunteur ne doit pas dépasser 10 milliards de roubles. Le crédit est attribué surtout aux fonds de roulement pour les dépenses courantes occasionnées par la production. Pour les dépenses extraordinaires le crédit n'est alloué qu'au cas où il sera remboursé dans les neuf mois. Le capital de la Banque d'Etat lors de sa constitution atteignait 2.000 milliards de roubles soviétiques. Au mois de mars 1922 il était augmenté jusqu'à la somme de 5.750 milliards de roubles soviétiques.

Le taux pour les prêts fut fixé d'abord de 8 à 12 % par mois ; au mois de mars il fut élevé et fixé de 12 à 18 %.

Pour que la Banque d'Etat soit couverte contre les risques provenant de la dépréciation continuelle du rouble, l'intérêt du prêt est augmenté dans certaines proportions d'après le cours du rouble officiellement fixé [1].

Le tableau suivant montre l'importance des crédits accordés à l'industrie sous différentes formes à partir de l'ouverture de la Banque d'Etat jusqu'au 1er mai 1922 (en milliards de roubles) [2].

Crédits ouverts	16 déc. 1921	1er janv. 1922	1er fév. 1922	1er mars 1922	1er avril 1922	1er mai 1922
Dans des buts de production industrielle	8,5	96,4	603,8	1.571,5	2.073,0	2.610,1
Comptes spéciaux basés sur des marchandises et des documents concernant des marchandises	5,6	70,4	597,0	2.035,2	1.712,7	2.431,0
Sur des marchandises . . .	3,2	6,0	10,7	—	42,5	109,7
Comptes spéciaux à base de lettres de change et autres obligations	51,0	407,5	400,1	843,3	754,3	910,7
Total	68,3	580,3	1.603,6	4.450,0	4.582,5	6.061,1

[1] *Economitcheskaia Jizn*, n° 251, 1921.

[2] *Izvestia*, 12 janvier, 5 février et 7 mars 1922. *Economitcheskaia Jizn*, 13 avril et 7 mai 1922.

Les dimensions des crédits demandés et accordés, pour les différentes catégories d'entreprises jusqu'au 1er mars 1922, se présentent ainsi (en milliards de roubles) [1].

	Aux entreprises d'Etat		Aux coopératives		Aux entrepr. privées		Total	
	Montant	Pourc.	Montant	Pourc.	Montant	Pourc.	Montant	Pourc.
Crédits demandés . .	3.833,7	53,4	3.166,4	44,1	172,8	2,2	7.172,9	100
Crédits ouverts :								
dans des buts de production . . .	1.368,5	87,0	202,0	12,8	1,0	0,2	1.571,5	100
escompte de lettres de change et prêts à court terme . .	52,0	6,1	784,6	93,0	6,7	0,9	843,3	100
sur marchandises et documts de marchandises	1.438,5	70,6	494,4	24,2	102,3	5,2	2.035,2	100
Total.	2.859	64,2	1.481,0	33,2	110,0	2,4	4.450,0	100

Au 1er mai 1922 les crédits ouverts par la Banque d'Etat ont atteint la somme de 8.134 milliards de roubles, y compris 5.490 milliards de roubles accordés à l'industrie d'Etat, 1.884 milliards de roubles accordés aux coopératives et 210 milliards de roubles accordés aux entreprises privées [2].

Le financement des différentes branches de l'industrie jusqu'au 1er mai 1922 se présente de la façon suivante en milliards de roubles soviétiques.

Industries	Nombre d'entreprises	Crédits demandés	Crédits accordes		Pourcentage des crédits accordés par rapport aux crédits demandés
			Total	Crédit moyen par entreprise	
Forêts	8	2.130	1.310	164	65
Aliments	8	1.560	780	98	49
Imprimerie et commerce	9	1.520	1.100	122	73
Produits chimiques . .	10	1.450	530	53	38
Métallurgie	6	1.040	510	60	50
Textile.	8	770	480	60	60
Outils et machines agricoles, huileries . . .	4	410	190	48	47
Mines	3	320	260	87	88
Agriculture	8	66	60	8	86
Divers	7	480	270	38	54

[1] *Economitcheskaia Jizn*, 12 mars 1922.
[2] *Ibid*, 19 mai 1922.

ANNEXE IV

L'affermage.

Des renseignements sur l'affermage paraissent de temps à autre dans la presse soviétique, mais ils ont un caractère occasionnel et décousu qui ne permet pas de donner un aperçu complet et détaillé sur les résultats de la politique d'affermage depuis la publication du décret du 5 juillet 1921 jusqu'au moment où s'arrête notre documentation, à savoir le 1er mai 1922.

1. LES RÉSULTATS DE L'AFFERMAGE.

Dans son rapport au XIme Congrès du parti communiste qui s'est tenu à Moscou le 25 mars 1922, le Conseil suprême de l'économie nationale décrit comme suit les résultats de la politique d'affermage à la date du 1er mars 1922 [1] :

a) La grande masse des entreprises industrielles désignées pour être affermées sont des entreprises de la petite industrie ; une faible partie seulement appartiennent à l'industrie moyenne. Parmi les entreprises de l'industrie manufacturière désignées pour l'affermage, près des sept dizièmes travaillent pour l'alimentation ; les moulins, boulangeries, etc., en constituent notamment les six dizièmes ; un tiers seulement des entreprises désignées pour l'affermage appartiennent à d'autres industries.

b) 56 à 60 pour cent du nombre total des entreprises désignées pour être affermées l'ont été réellement ; presque toutes étaient des entreprises de la petite industrie.

c) La plupart des entreprises affermées sont situées dans les gouvernements du sud et du sud-ouest, ainsi que près du Volga ; il y en a beaucoup moins dans les gouvernements centraux et très peu dans le nord et le nord-ouest, ainsi qu'en Sibérie et au Turkestan.

d) L'intensité de la campagne d'affermage dans chaque gouvernement est en raison inverse de la distance qui sépare ce gouvernement des sources de combustible et de matières premières ainsi que des marchés consommateurs.

e) L'intensité de cette campagne diminuera encore au fur et à mesure que s'aggravera la crise des transports et des combustibles.

f) Le plus grand nombre des entreprises affermées appartiennent aux industries suivantes : industrie polygraphique : 70 % ; indus-

---

[1] *Economitcheskaia Jizn*, 3 mai 1922.

trie alimentaire : 61,6 % ; industrie travaillant sur métaux : 44,5 %, etc. Le plus petit pourcentage, soit 12 %, est atteint par l'industrie minérale.

g) Les huit dizièmes à peu près des entreprises affermées étaient en activité au moment de l'affermage, ce qui constitue une proportion plus forte que celle rencontrée dans l'industrie russe en général.

h) Les 50 pour cent du nombre total des entreprises affermées l'ont été à des entrepreneurs particuliers et les 36 pour cent seulement à des coopératives de tous genres, bien que la loi accorde la préférence à la coopération. Les diverses entreprises et institutions de l'Etat n'ont pris à ferme que quatre pour cent de toutes les entreprises affermées.

i) L'affermage des entreprises industrielles a presque toujours lieu pour une courte durée.

j) La forme la plus usitée pour le payement du fermage (80 pour cent des cas) est la livraison d'une partie des produits à l'Etat ; une petite partie des entreprises seulement doivent payer le fermage en espèces.

En général, le fermage consiste en une quantité de marchandises fixée à l'avance. La part de la production que le fermier doit livrer à l'Etat en guise de fermage se monte d'habitude de 5 à 10 pour cent de la production totale de l'entreprise affermée.

Tels sont les renseignements contenus dans le rapport du Conseil suprême de l'économie nationale. Nous avons cherché, d'autre part, à résumer sous forme d'une série de tableaux les informations publiées occasionnellement par l'*Economitcheskaia Jizn*.

2. L'Affermage des entreprises dans les différentes villes et régions.

(en vertu du décret du 5 juillet 1921).

Villes et Régions	Nombre d'entreprises à affermer	Nombre d'entreprises affermées				
		1 oct. 21	1 nov. 21	1 déc. 21	1 janv. 22	1 mars 22
Villes						
Petrograd	234	—	—	60	42	72
Moscou	532	—	143	—	245	417
Régions						
Ukraine	—	4.338	—	6.015	—	—
Oural	1.016	—	171	280	497	—
Sud-Est	13.215	446	—	1.029	—	—
Sibérie	1.576	—	—	152	—	—
Nord	—	—	—	9	—	—
Nord-Ouest	—	—	—	144	—	—
Centre industriel	—	—	—	323	—	—
Centre agricole	—	—	—	628	—	—
Volga	—	—	—	970	—	—
Ouest	—	—	—	254	—	—
Crimée	—	—	—	162	—	—
Kirghizie	—	—	—	38	—	—
Turkestan	—	—	—	136	—	—

3. L'affermage des entreprises dans les différents gouvernements.

Au 1er nov. 1921 [1]		Au 1er nov. 1921 [1]	
Kostroma	1	Penza	7
Vladimir	9	Rép. tartare	124
Novgorod	2	Saratov	2
Nijni-Novgorod	70	Vitebsk	10

Au 1er déc. 1921 [2]		Au 1er déc. 1921 [2]	
Ekaterinoslav	1.134	Kharkov	276
Donetz	745	Podolie	39
Nicolaev	732	Poltava	257
Odessa	585	Nicolaevsk	65
Zaporosz	578	Altai	23
Krementchoug	473	Omsk	8
Volhynie	430	Tomsk	10
Tchernigov	427	Yenisséisk	15
Kiev	309	Irkoutsk	21

Au 1er janv. 1922 [3]

Kouban	98
Perm	3
Ekaterinbourg	32

[1] *Economitcheskaia Jizn*, 25 novembre 1921.
[2] *Ibid*, 9 février et 6 février 1922.
[3] *Ibid.*, 25 janvier 1922.

4. L'affermage des entreprises dans les différentes branches d'industrie.

Branches d'industrie	Petrograd [1]		Moscou [2]		Ukraine [3]		Sibérie [4]	
	Nombre d'entreprises	Pourcentage	Nombre d'entreprises	Pourcentage	Nombre d'entreprises	Pourcentage	Nombre d'entreprises	Pourcentage
Métallurgie	32	44,0	50	12	98	1,6	5	4,0
Produits chimiques	18	25,8	30	7,6	107	1,7	—	—
Textile	5	6,9	50	12	13	0,2	10	8,0
Cuirs	11	15,2	27	6,6	217	3,6	39	30,0
Bois	3	4,1	17	4,1	23	1,3	—	—
Aliments	2	2,7	—	—	—	—	—	—
Tabacs	1	1,3	—	—	7	0,1	5	5,6
Bâtiment	—	—	22	5,3	47	0,7	—	—
Imprimerie	—	—	17	4,1	7	0,1	—	—
Boulangeries			157					
Pâtisseries	—	—	—	49,3	—	—	—	—
Charcuteries			47				7	6,6
Moulins	—	—	—	—	4.953	82,5	31	24,8
Briqueterie	—	—	—	—	—	—	5	4,0
Beurrerie	—	—	—	—	379	8,9	—	—
Savonnerie	—	—	—	—	—	—	12	9,9
Fourrures	—	—	—	—	—	—	9	7,2
Total	72	100	417	100	5.851	100	123	100

[1] Chiffres relatifs au 1er février 1922. *Economitcheskaia Jizn*, 25 mars 1922.
[2] » » au 1er mars 1922. *Ibid.*, 23 mars 1922.
[3] » » au 1er février 1922. *Ibid.*, 9 février 1922.
[4] » » au 1er décembre 1922, *Ibid.*, 16 février 1922.

5. L'AFFERMAGE DES ENTREPRISES NATIONALISÉES A MOSCOU
(ville et département) [1].

Le nombre d'entreprises désignées pour être affermées s'élève à 1.350. Le nombre d'entreprises affermées jusqu'au 1er février 1922 s'élevait à 372. Elles se répartissaient comme suit :

Entreprises	Moscou (ville)	Département de Moscou (sans la ville)	Total dans le département oe Moscou
Nombre total d'entreprises affermées	323	49 .	372
Nombre d'entreprises qui sont en activité	207	12	219
Nombre d'entreprises qui ne sont pas en activité	86	37	123
Nombre d'entreprises fermées .	28	—	28

Les entreprises qui ne sont pas en activité ou qui sont fermées constituent 41,2 % du nombre total des entreprises affermées. Le nombre d'ouvriers et d'employés qui travaillent dans les entreprises en activité est le suivant :

Entreprises	Moscou (ville)	Département de Moscou (sans la ville)	Total dans le département de Moscou
Nombre d'entreprises affermées qui sont en activité	207	12	219
Nombre d'ouvriers	4.402	490	4.892
Nombre d'employés	974	66 .	1.040
Nombre moyen d'ouvriers et d'employés par entreprise . .	25,9	46,3	31,2

Le nombre d'ouvriers employés par les entreprises situées dans le ressort du Conseil de l'économie nationale de Moscou est de 150.000. Le nombre d'ouvriers dans les entreprises affermées est de 4.892, soit 3,2 % du total.

La force motrice utilisée dans les entreprises du ressort du Conseil de l'économie nationale de Moscou est de 557.745 HP. La force motrice utilisée dans les entreprises affermées est de 5.811 HP., soit 1,04 % du total.

La répartition des ouvriers et des employés dans les différentes branches de l'industrie est la suivante :

Industries	Pourcentage par rapport au personnel total	
	Ouvriers	Employés
Aliments.	45	55
Imprimerie.	17,8	10
Produits chimiques	10	9

[1] *Economitcheskaia Jizn*, 6 avril 1922.

Le salaire mensuel moyen d'un ouvrier est :

Roubles
dans la ville de Moscou 3.700.000
dans le département de Moscou 1.200.000

Le salaire mensuel moyen d'un employé est :

Roubles
dans la ville de Moscou 4.900.000
dans le département de Moscou 1.500.000

La somme totale du fermage à payer atteignait, au 3 mars 1922, 56.000 millions de roubles.

Les versements effectués par les fermiers atteignaient à la même date 6.170 millions de roubles.

6. L'affermage des entreprises nationalisées a Petrograd au 1er mai 1922[1].

D'après les données du bureau d'affermage près le Conseil de l'économie nationale de Pétrograd, les résultats de l'affermage se présentaient comme suit au 1er mai 1922 :

En tout, 428 entreprises étaient désignées pour l'affermage. Le nombre d'entreprises affermées depuis le 1er août jusqu'au 1er mai 1922 était de 102, à savoir :

			Entreprises affermées					Entreprises affermées
En août	1921	. . .	3		En janvier	1922	. . . .	7
» septembre	»	. . .	16		» février	»	. . . .	11
» octobre	»	. . .	13		» mars	»	. . . .	11
» novembre	»	. . .	25		» avril	»	. . . .	12
» décembre	»	. . .	4					

La moyenne mensuelle des entreprises affermées était de 13.

Les fermiers appartenaient aux catégories suivantes :

Anciens propriétaires	. . . .	30	Unions de coopératives de consommation	. . . .	7
Artels de producteurs	. . . .	8	Institutions soviétiques.	. . .	9
Coopératives	. . . .	5	Particuliers	. . . .	43

Au point de vue de la durée de l'affermage, les entreprises se répartissent comme suit :

Pour 3 ans	. . . .	42 entreprises	Pour 5 ½ ans	. . . .	1 entreprise
» 5 ans	. . . .	55 »	» 6 ans	. . . . .	4 »

Du nombre total des entreprises affermées furent transmises effectivement aux fermiers : 98 entreprises, dont 52 avaient déjà commencé le travail au 1er mai.

Les conditions du payement des fermages étaient les suivantes :

Payement exclusivement en espèces	. . . .	5 entreprises
Payement mixte (en espèces et en nature)	. . . .	4 »
Payement exclusivement en nature (partie de la production)		92 »
Affermées à titre gratuit	. . . .	3 »

---

[1] *Economitcheskaia Jizn*, 17 mai 1922.

La proportion moyenne de la production totale payée en guise de fermage est de 10,8 %.

Au premier mai, 21 entreprises seulement avaient payé leur fermage (en argent), dont le total se montait à 20.000 roubles du type-émission 1922, c'est-à-dire 200.000.000 de roubles soviétiques anciens.

Les payements effectués en nature s'élevaient à 40.000 pouds de blé.

7. L'affermage dans l'Ukraine, au 1er mars 1922 [1].

Le nombre d'entreprises affermées jusqu'au 1er mars 1922 a atteint 1.469. La répartition des entreprises affermées par branches d'industrie était la suivante :

	%			%
Aliments	45,0		Bois	2,3
Cuirs	19,3		Textile	2,6
Produits chimiques	16,0		Imprimerie	0,7
Métallurgie	9,9		Electrochimie	0,4
Bâtiment	3,7		Tabac	0,4

La répartition des fermiers par catégories était la suivante :

	%			%
Particuliers	54		Coopératives	20
Artels	20		Organes d'Etat	6

Le pourcentage de la production devant être payé comme fermage était le suivant, dans les différentes branches d'industrie :

	% de la production			% de la production
Aliments	8		Produits chimiques	19
Métallurgie	8		Cuirs	20
Textile	11		Imprimerie	33
Bâtiment	12			

Le total des recettes produites par l'affermage se répartit comme suit entre les différentes branches d'industrie :

	%			%
Cuirs	66		Produits chimiques	1,8
Métallurgie	7		Textile	0,9
Aliments	4		Bâtiment	0,8
Bois	2,5			

---

[1] *Economitcheskaia Jizn*, 9 avril 1922.

ANNEXE V

Statistique des ouvriers.

1. Nombre des ouvriers employés dans les usines de la Russie des Soviets en 1921.

Branches de la production	Deuxième semestre 1921		Au 1er janvier 1917		Au 1er janvier 1914	
	En milliers	Pourcentage par rapport au total	En milliers	Pourcentage par rapport au total	En milliers	Pourcentage par rapport au total
Combustibles (total). . .	**568**	**25,8**	**585**	**17,7**	**370**	**13,5**
Bois	300	13,6	184	5,6	168	6,1
Charbon.	212	9,7	340	10,3	145	5,3
Naphte	24	1,0	41	1,2	37	1,4
Huiles minérales	2	0,1	—		—	
Tourbe	30	1,4	20	0,6	20	0,7
Minerais (total)	**62**	**2,9**	**118**	**3,5**	**84**	**3,0**
Extraction de minerais .	20	1,0	—	—	64	2,3
Or et platine.	9	0,4	—	—	3	0,1
Sel	25	1,1	—	—	17	0,6
Divers.	8	0,4	—	—	—	—
Métallurgie (total) . . .	**471**	**21,5**	**1073**	**32,4**	**667**	**24,2**
Grosse métallurgie . . .	140	6,4	328	9,9	362	13,1
Machines	228	10,4	} 745	} 22,5	246	8,9
Produits métallurgiques .	103	4,7			59	2,2
Matériaux (total)	**31**	**1,4**	**101**	**3,1**	**188**	**6,8**
a) Matér. de constr. (ciment, briques, etc.) . .	23	1,0	—	—	110	4,0
b) Verre et faïence . . .	8	0,4	—	—	78	2,8
Bois (total)	**116**	**5,3**	**88**	**2,6**	**116**	**4,3**
Papier (total)	**25**	**1,1**	} 81	} 2,4	**50**	**1,8**
Polygraphie (total) . . .	**57**	**2,6**			**44**	**1,6**
Textile (total)	**390**	**17,7**	**727**	**22,0**	**740**	**27,0**
Coton.	161	7,3	462	14,0	497	18,9
Laine	69	3,1	88	2,7	94	3,4
Soie	5	0,2	27	0,8	31	1,1
Lin, chanvre.	71	3,2	108	3,3	90	3,3
Production mixte. . . .	10	0,5	42	1,2	28	1,0
Vêtements.	74	3,4	—	—	—	—
Produits animaux (total)	**125**	**5,7**	**70**	**2,1**	**45**	**1,6**
Peaux, fourrures	115	5,3	551	1,6	35	1,2
Poils, brosses, os, etc. . .	7	0,3	14	0,4	9	0,3
Savon.	3	0,1	2	0,1	1	0,1
Produits alimentaires et tabacs (total)	**223**	**10,1**	**338**	**10,1**	**329**	**12,0**
Farine	90	4,1	41	1,2	38	1,4
Sucre	63	2,9	160	4,8	155	5,6
Autres aliments	41	2,0	—	—	106	4,0
Tabacs	29	1,3	—	—	30	1,0
Produits chimiques (total)	**103**	**4,7**	**130**	**3,9**	**111**	**4,0**
Acides, sels	17	0,8	—	—	14	0,5
Explosifs	35	1,6	44	1,3	36	1,3
Allumettes	11	0,5	—	—	20	0,8
Distillation du naphte. .	21	1,0	—	—	6	0,2
Divers	19	0,9	—	—	35	1,2

2. CLASSIFICATION DES OUVRIERS D'APRÈS L'ÂGE ET LE SEXE

A. *Dans l'ensemble de l'industrie.*

Années	Sexe		Age	
	Femmes	Hommes	Adultes (18 ans et plus)	Mineurs (moins de 18 ans)
	%	%	%	%
1914	31,2	68,8	88,9	11,1
1917	40,0	60,0	86,0	14,0
1921	32,0	68,0	90,9	9,1

B. *Dans les diverses industries.*

Branche de l'industrie	Age				Sexe			
	Adultes (18 ans au plus)		Mineurs (moins de 18 ans)		Hommes		Femmes	
	1914	1921	1914	1921	1914	1921	1914	1921
	%	%	%	%	%	%	%	%
Bois	91,1	91,3	9,0	8,7	88,9	74,6	11,1	25,4
Cuirs [1] . . .	(91,1)	89,8	(8,5)	10,9	(85,5)	79,2	(16,5)	20,8
Métallurgie .	89,3	90,4	10,7	9,6	94,1	84,2	5,9	15,6
Imprimerie .	77,6	84,0	22,4	16,0	88,4	63,0	11,6	37,0
Papier . . .	85,9	89,4	14,1	10,6	63,4	65,7	26,6	34,3
Aliments et tabacs . .	91,7	91,5	8,2	8,5	77,8	73,0	22,2	27,0
Textile . . .	88,5	90,4	11,5	9,6	46,1	45,3	53,9	54,7
Produits chimiques.	87,6	92,7	12,4	7,3	63,4	64,0	36,6	35,1
Moyenne .	88,9	90,9	11,1	9,1	68,8	68,0	31,2	32,0

---

[1] Les chiffres entre parenthèses sont approximatifs.

ANNEXE VI

Application de la législation sur la protection du Travail.

Les données sur l'application de la législation concernant la protection du travail ne sont ni complètes ni précises.

Les données ci-après ne constituent qu'une illustration approximative du fonctionnement réel des lois sur le travail dans la Russie des soviets à l'heure présente.

1. ACTIVITÉ DE L'INSPECTION TECHNIQUE DU TRAVAIL [1].

Infractions aux lois sur le travail.

Genre d'infraction	Nombre d'infractions			
	1er semestre de 1920		2me semestre de 1920	
	Chiffre absolu	sur 100 visites	Chiffre absolu	sur 100 visites
Etat des bâtiments. . .	1.946	58	2.493	39
Etat des machines . . .	711	22	875	14
Mesures de précaution .	2.855	91	3.066	44
Chaudières	1.256	41	1.384	22
Installations électriques.	358	12	829	13
Grues, etc.	390	13	324	5
Chauffage, ventilation .	2.385	77	2.737	43
Eclairage	630	18	1.075	17
Mesures contre l'incendie	1.306	40	1.914	30
Autres infractions . . .	2.895	87	2.187	34
Totaux	14.372	459	16.894	265

Nombre d'infractions commises en 1920, comparé à celui de 1918

Genre d'infraction	No nbre d'infractions sur 100 visites		
	1918	1er semestre 1920	2me semestre 1920
Etat des bâtiments	42,9	48	39
Etat des machines	31,1	18	14
Mesures de précaution	111,7	70	48
Grues et installations électriques . .	8,9	19	18
Ventilation, chauffage, etc.	58,7	75	60
Mesures contre l'incendie	28,2	32	30
Autres infractions	68,4	102	56
Totaux	349,9	363	265

[1] *Viestnik Trouda* (*Le Messager du Travail*), n° 11, 1921.

Mesures exigées par l'inspection du travail.

1er semestre de 1920 :

Exigences formulées   9.716
     »   exécutées   3.506, soit 35 % des exigences formulées
    » non exécutées 6.210   »   65 %   »   »

2me semestre de 1920 :

Exigences formulées .8.694
     »   exécutées   3.547   »   39,4 %   »   »
    » non exécutées 5.147   »   60,6 %   »   »

Les causes de la non-exécution des mesures exigées se répartissent comme suit :

Causes	Sur 100 mesures exigées et non exécutées	
	1er semestre 1920	2e semestre 1920
Absence de matériaux	55	62,5
Absence de main-d'œuvre	29	24,0
Négligence de l'administration	6	5,7
Autres causes	10	7,8

Accidents enregistrés comme résultats d'infractions aux lois sur le travail.

Sur 100 accidents enregistrés, les causes furent les suivantes :

Causes	1er semestre 1920	2e semestre 1920
Manque de précautions	18,3	21,7
Mauvaise organisation du travail	15,2	17,4
Négligence ou imprudence	34,9	37,8
Surveillance insuffisante	9,0	14,7
Autres causes	22,6	8,4

2. LES CONDITIONS DU TRAVAIL EN GÉNÉRAL.

Durée du travail.

La durée normale de la journée de travail est fréquemment dépassée. Voici quelques données relatives à 1921-1922.

D'après les résultats de l'inspection du travail à Moscou, en avril-juin 1921, sur 100 travailleurs, 6,9 fournissaient une journée de travail plus longue que la normale.

En ce qui concerne les entreprises privées, une note de la *Vie économique* du 3 décembre 1921 montre que sur 377 entreprises inspectées, 272 n'observaient pas les règles sur la durée du travail. Dans 44 entreprises le travail durait de 10 à 12 heures et dans 11 entreprises de 14 à 16 heures.

De même, pour la période toute récente de mars à avril 1922, des infractions nombreuses sont signalées dans le nouveau journal

Rabotchi (L'ouvrier) de Moscou [1]. Les infractions sont commises non seulement dans les entreprises privées (12 à 14 heures dans une cordonnerie Ginsburg, 18 heures dans une entreprise de camionnage, 12 heures dans la filature Issaev, etc.), mais aussi dans les entreprises de l'Etat. Ainsi, pour des réparations d'usines électriques (ex-société de 1880) on a travaillé 14 heures par jour ; à l'atelier de couture du Commissariat du travail, plus de 8 heures ; aux travaux de la gare à Kazan, 12 heures, etc. A l'atelier de cordonnerie coopératif du Commissariat du ravitaillement il n'y a pas d'horaire fixe.

Repos et congés.

D'après l'inspection du travail de Moscou pour avril-juin 1921, sur 100 travailleurs, 3,6 n'ont pas eu de repos à midi pour leur repas et 7,1 ne jouissent pas du repos hebdomadaire de 42 heures.

En ce qui concerne les congés annuels, les seuls renseignements ont trait à 1920. Ils sont fournis dans *Questions du travail* de 1921.

Industries	Nombre moyen de jours de congé
Automobiles	1,7
Construction de machines (« Gomza »)	3,4
Produits chimiques	6,6
Matériel de guerre	0,0
Papier	9,2
Allumettes	1,4
Tabac	15,1

Travail des enfants.

Durée du travail. — La moyenne journalière de la durée du travail des enfants était en 1918 de 7,4 heures et en 1919 de 6,4 heures [2].

Au total, en 1921, 40,5 % des enfants avaient une durée de travail supérieure à la normale.

Rabotchi, de mars 1922, cite les infractions suivantes : dans la fabrique Ginsburg, les enfants travaillent plus de 8 heures ; dans la bonneterie Pirojkine, les enfants travaillent 12 heures ; dans la bonneterie Hermann, les enfants travaillent 9 heures.

Il en est de même de certaines entreprises d'Etat. A l'atelier de cordonnerie coopératif du Commissariat du ravitaillement les enfants travaillent comme des adultes. Aux garages du Commissariat du travail les enfants travaillent plus de six heures. Enfin, suivant un rapport de Milioutine au Conseil intersyndical de Moscou, une Section de travail de district a porté la journée de travail des enfants à huit heures.

Heures supplémentaires. — En ce qui concerne les travaux supplémentaires (interdits pour les enfants) les pourcentages d'infraction ont été en 1918 de 4,7 % et en 1921 de 11,9 %.

Travail de nuit. — En ce qui concerne le travail de nuit (interdit aux enfants) les pourcentages d'infraction ont été en 1918 de 5,6 % et en 1921 de 6,2 %.

---

[1] Il faut signaler que ce journal fait une propagande évidente pour mettre les ouvriers en garde contre l'exploitation par les patrons.

[2] *Bulletin de statistique du travail*, 1921.

Travail des femmes.

D'après l'inspection du travail de Moscou pour avril-juin 1921, 4 % des femmes faisaient des travaux supplémentaires et 22 % travaillaient la nuit.

3. Les conditions du travail dans les entreprises particulières [1].

Le Conseil intersyndical du département de Moscou a inspecté les conditions du travail dans une série d'entreprises particulières à Moscou. En tout furent inspectées, dans les sept districts de la ville, 695 entreprises, dont 377 employaient de la main-d'œuvre salariée.

Le nombre total des ouvriers et des employés travaillant dans ces entreprises était de 3.368, dont 1.988 hommes, 1.021 femmes, 203 adolescents et 56 enfants. La majorité de ces entreprises est composée de magasins (151), d'installations de coiffeurs (44), d'ateliers mécaniques (41), de cafés, de boulangeries, etc.

En ce qui concerne l'embauchage et le renvoi des ouvriers on a constaté que dans la plupart des cas l'enregistrement obligatoire auprès des Sections du travail n'était pas effectué. Ainsi, dans l'arrondissement de Basmanov, l'enregistrement n'était effectué pour aucune des entreprises inspectées ; il en était de même dans celui de Zamoskvoretsk ; un faible pourcentage d'enregistrement était accusé par les autres arrondissements de Moscou. Le renvoi se faisait également dans la grande majorité des cas par l'entrepreneur, sans participation du syndicat.

Le contrôle de l'application de la journée de six heures et de huit heures donna d'intéressants résultats. Sur le nombre total de 377 entreprises employant de la main-d'œuvre salariée, 105 seulement observaient la loi sur la durée du travail, tandis que 272 commettaient des infractions à ces lois.

Dans 44 entreprises on a constaté la journée de 12 heures et même, dans 11 entreprises, la journée de 14 à 16 heures. Beaucoup d'entreprises ont adopté la journée de 9 heures et dans 46 entreprises la durée du travail n'est pas déterminée.

Les salaires varient beaucoup. Dans un grand nombre d'entreprises est appliqué le salaire à la tâche ou le salaire à la journée. Dans certains cas le travail est payé en nature, par exemple en pain dans les boulangeries, en marchandises dans d'autres ateliers, etc. Le montant du salaire est fixé d'habitude d'un commun accord.

Des congés n'étaient accordés dans aucune des entreprises visitées.

Les versements à l'assurance sociale n'étaient souvent pas effectués.

En ce qui concerne l'organisation syndicale des ouvriers et employés des entreprises examinées, on constate que dans l'arrondissement de Zamoskvoretsk il n'y a pas un seul ouvrier ou employé syndiqué ; de même dans l'arrondissement de Basmanov ; dans celui de Khamovniki il y a un petit nombre d'ouvriers syndiqués, surtout dans les anciennes entreprises.

---

[1] *Economitcheskaia Jizn*, 3 décembre 1921.

Le plus grand nombre de syndiqués se rencontre dans les arrondissements suivants : ville : 432 syndiqués dans 5 entreprises ; Sokolniki : 185 syndiqués dans 10 entreprises ; de Rogojsko-Simonovsky : 34 syndiqués dans 8 entreprises.

4. ABSENCES ILLÉGALES.

Le tableau suivant indique le nombre moyen des jours de travail et d'absence d'un ouvrier en 1920 dans les entreprises industrielles importantes dites « d'attaque ».

Administration centrale industrielle	Nombre moyen des ouvriers pour 1920 d'après les listes d'usines	Nombre de jours de présence par ouvrier		Nombre de jours chômés par ouvrier pour cause de :						
		Travail effectif	Non activité de l'entreprise	Partici-pation aux délé-gations	Congé	Maladie	Causes légitimes	Causes illégitimes	Jours fériés	Total
Automobiles . .	58.994	258	1,6	10,2	1,7	23,9	5,5	25,1	29,9	106,3
Construct. de machines (« Gomza »)	26.485	222	0,1	14,9	3,4	32,3	8,9	36,6	49,1	144,2
Prod. chimiques.	5.034	257	0,0	12,8	6,6	20,1	6,0	24,0	39,5	108,8
Papier	5.464	250	0,4	8,8	9,2	19,4	10,2	15,0	53,1	115,9
Allumettes . . .	1.886	233	16,0	2,5	1,4	18,8	8,8	24,5	61,1	117,1
Tabac	625	237	4,7	10,3	15,1	22,0	3,1	20,1	68,3	139,1

5. NOMBRE DES OUVRIERS DU « GOMZA [1] » QUI NE SE SONT PAS RENDUS AU TRAVAIL PENDANT LES ANNÉES 1914-1920.

(Pourcentage des ouvriers absents par rapport au nombre total d'ouvriers [2])

Années et mois	Kolomensky	Myticht-chensky	Rybinsky	Sormovsky	Pachinsky	Moyenne arithmétique
1914 . .	11,9	12,0	—	10,2	9,1	10,8
1915 . .	16,5	12,0	—	10,4	12,0	12,7
1916 . .	13,5	15,0	—	11,3	11,0	12,7
1917 . .	17,2	17,0	—	13,1	10,2	14,4
1918 . .	25,8	22,0	—	20,4	9,0	19,3
1919 . .	40,0	25,1	—	28,1	9,2	24,8
1920						
Janvier . .	45,5	38,7	37,4	22,2	19,1	32,5
Février . .	44,0	40,0	30,9	20,9	18,2	32,0
Mars . . .	45,6	41,2	28,2	26,0	11,9	30,6
Avril . . .	47,6	43,8	34,1	26,3	15,6	33,5
Mai. . . .	39,8	30,7	22,3	31,5	17,4	30,3
Juin . . .	32,7	28,8	28,7	23,9	12,5	26,5
Juillet. . .	28,5	36,2	33,3	37,1	16,1	30,2
Août . . .	25,1	35,4	35,7	38,6	34,1	32,4
Septembre.	21,6	26,6	23,6	29,1	23,0	24,4
Octobre . .	18,7	17,5	22,2	16,9	24,4	20,0
Novembre .	14,6	12,4	29,2	12,5	21,6	16,3
Décembre .	15,4	12,0	16,9	16,5	10,7	12,7

---

[1] « Gomza » est une abréviation de : Trust des usines de construction de machines. »
[2] *Les questions du travail*, 1921.

6. Absences pour cause de maladie [1].

Le nombre moyen des journées de travail pendant lesquelles un ouvrier a été absent en 1920 pour cause de maladie est le suivant :

Automobiles	23,9	Papier	19,4
Construction de machines («Gomza»)	32,3	Allumettes	18,8
Produits chimiques	20,1	Tabac	22,3
Matériel de guerre	17,6	*Moyenne*	25,3

7. Composition du corps des Inspecteurs du travail [2]

Composition du corps des Inspecteurs.

	Premier semestre de 1920	Deuxième semestre de 1920
Nombre total d'inspecteurs	121	129
Anciens inspecteurs du travail	25	29
Avec instruction universitaire	73,5 %	71 %
Avec instruction secondaire	19,0 %	25 %
Avec instruction primaire	7,5 %	4 %
Exerçant seulement l'inspectorat	90 %	74 %
Cumulant plusieurs emplois	10 %	26 %

Les inspecteurs du travail se répartissaient en 1920 de la manière suivante [3] :

a) *D'après le sexe.*

	%
Hommes	95
Femmes	5
Total	100

b) *D'après l'âge.*

	%
Jusqu'à 20 ans	0,4
De 20 à 24 ans	6,8
» 25 à 29 »	22,6
» 30 à 34 »	25,1
» 35 à 39 »	19,5
» 40 à 44 »	12,7
» 45 à 49 »	4,5
plus de 50 ans	2,7
âge non indiqué	5,7
Total	100,0

[1] *Questions du travail*, 1921.
[2] *Viestnik Trouda.* (*Le Messager du Travail*), n° 11, 1921.
[3] S. Kaploun : *La protection du travail*, 1920.

c) *D'après leur instruction.*

		%
Instruction à domicile		4,2
»	primaire inférieure	56,7
»	primaire supérieure	7,8
»	secondaire non terminée	9,8
»	secondaire terminée	10,6
»	non mentionnée	8,1
»	supérieure	2,6
Total.		100,0

d) *D'après leur profession avant leur élection.*

	%
Métallurgistes	34,6
Ouvriers d'autres professions	25,4
Personnel administratif	1,6
Employés de bureau	11,8
Personnel technique	4,9
Autres employés	13,3
Profession non indiquée	8,4
Total.	100,0

e) *D'après leur affiliation aux partis politiques.*

	%
Communistes, entrés dans le parti avant 1905	0,4
» » » » de 1905 à février 1917	1,7
» » » » de février 1917 à octobre 1917	7,1
» » » » après octobre 1917	35,1
Entrée non indiquée	6,5
Sympathisant avec les communistes	11,2
Candidats au parti communiste	1,2
Autres partis	4,0
Sans parti	24,4
Parti non indiqué	8,4
Total.	100,0

f) *D'après leur stage.*

	%		%
Moins de 6 mois	14,1	De 18 à 23 mois	16,0
De 6 à 11 mois	29,4	24 mois et plus	8,2
De 12 à 17 mois	29,0	Stage non indiqué	3,3
Total.			100,0

ANNEXE VII

Les salaires.

1. Formés de salaires a Moscou en 1920 [1].

Nombre des ouvriers salariés.

Mois	Par jour		Avec primes		Aux pièces		Total	
1920	Nombre	Pourcentage	Nombre	Pourcentage	Nombre	Pourcentage	Nombre	Pourcentage
Janvier. . .	21.791	52,0	17.080	40,8	3.025	9,2	41.896	100
Avril. . . .	12.548	30,8	23.265	57,3	4.815	11,9	40.628	100
Octobre. . .	8.268	20,0	27.111	65,7	5.869	14,2	41.248	100
Novembre .	7.941	18,3	28.583	65,8	6.901	15,9	43.420	100

Nombre d'heurés payées (en milliers).

Mois	Par jour		Avec primes		Aux pièces		Total	
1920	Nombre	Pourcentage	Nombre	Pourcentage	Nombre	Pourcentage	Nombre	Pourcentage
Janvier. . .	3.162	57,7	2.436	40,6	402	6,7	6.000	100
Avril . . .	1.973	33,2	3.303	55,5	674	11,3	5.950	100
Octobre . .	1.556	21,2	4.818	65,7	954	13,1	7.328	100
Novembre .	1.510	19,0	5.225	65,9	1.192	15,0	7.927	100

Salaire mensuel moyen d'un ouvrier (en roubles).

Mois	Par jour	Avec primes	Aux pièces	Total	
				En roubles	Pourcentage par rapport au payok [1]
1920					
Janvier . .	1.705	2.644	2.750	2.198	6,1
Février . .	1.740	3.214	3.296	2.621	6,2
Mars . . .	1.986	3.790	5.164	3.241	5,9
Avril . . .	2.055	3.605	3.584	3.133	5,7
Mai	2.218	4.438	5.436	3.887	6,4
Juin. . . .	2.633	5.538	9.453	5.141	5,3
Juillet . . .	3.344	7.671	9.685	6.935	6,6
Août . . .	3.158	8.072	13.159	7.505	6,6
Septembre .	3.020	7.754	13.616	7.351	6,7
Octobre . .	3.270	8.690	15.707	9.266	7,3
Novembre .	3.201	9.291	15.671	9.455	7,9
Décembre .	3.511	10.046	20.621	11.074	7,1

[1] Coût d'une ration de 3.600 calories. Le coût de la ration normale est calculé ici d'après les prix sur le marché libre.

[1] Marcusson : *Les salaires des ouvriers des usines de Moscou de 1913 à 1920.* Matériaux de la statistique du travail, n° 10.

Salaire mensuel moyen d'un ouvrier (en roubles).

Périodes	Salaire par jour	Salaire avec primes			Salaire par accord		
		Tarif	Prime	Pourcentage de la prime par rapport au tarif	Tarif	Accord	Pourcentage de l'accord par rapport au tarif
1920 Janvier-avril. . . .	1.871	1.812	1.597	88	1.317	2.431	185
Août-novembre . .	3.062	2.068	5.283	172	3.173	8.281	261

2. LE SYSTÈME « BUDGÉTAIRE PAR ACCORD » DES SALAIRES A MOSCOU [1].

Mois	Ouvriers inspectés	Ouvriers inspectés recevant la ration alimentaire	Pourcentage
1920 Janvier	36.881	1.936	5,2
Février	36.357	1.802	5,0
Mars.	36.081	2.147	6,0
Avril	35.261	3.441	9,8
Mai	36.307	7.446	20,5
Juin	35.627	10.694	30,0
Juillet	35.336	14.159	40,1
Août	36.056	17.063	48,6
Septembre	37.263	18.550	49,8
Octobre	38.331	22.822	59,5
Novembre	38.965	25.349	64,8
Décembre	39.523	28.182	71,3

3. LE FONDS DE SALAIRES EN UKRAINE [2].

La Commission du Fonds ukrainien a fixé la moyenne du coût de la vie pour décembre 1921 et calculé le fonds de salaires nécessaire pour 754.000 ouvriers et employés restant approvisionnés par l'État.

Tous les ouvriers et employés ont été répartis en trois catégories : ouvriers, travailleurs des transports et employés soviétiques.

La moyenne du coût de la vie a été établie pour chacun de ces groupes en tenant compte de la zone à laquelle appartient le département en question.

---

[1] MARCUSSON : *Les salaires des ouvriers dans les usines à Moscou de 1913 à 1920.* Matériaux de la statistique du travail, n° 10.

[2] *Economitcheskaia Jizn*, 25 janvier 1922.

Voici un tableau de ces moyennes pour les trois catégories des ouvriers ravitaillés et pour les divers départements (en milliers de roubles) :

Départements	Ouvriers	Travailleurs des transports	Employés soviétiques
Alexandrovsk . .	690	575	535
Wolhynie	330	275	256
Ekaterinoslav. . .	630	525	488
Kiev.	480	400	372
Krementchoug . .	450	375	349
Nikolaïev	570	475	442
Odessa.	510	425	395
Podolsk	330	275	255
Poltava	540	450	418
Kharkov	630	525	488
Tchernigov	390	325	302
Donetz.	690	575	535

La moyenne du coût de la vie pour les ouvriers coïncide avec la sixième catégorie des tarifs établis pour dix-sept catégories différentes. En ce qui concerne les employés soviétiques, elle coïncide avec une catégorie légèrement inférieure.

En multipliant le nombre des personnes dans chacune des trois catégories par la moyenne correspondante du coût de la vie on obtient le montant du fonds de salaires pour toute l'Ukraine et pour chaque département en particulier. Ce fonds, pour le mois de décembre 1921, était le suivant, en millions de roubles :

Pour les ouvriers . . . . 155.547,3 ou 40 % du total
Pour les travailleurs des transports 120.793,8 ou 31 % »
Pour les employés soviétiques . . 114.101,8 ou 29 % »

Total . . . . 390.442,9 millions de roubles

Les sommes attribuées pour décembre aux départements varièrent selon le développement industriel de ceux-ci. Ainsi :

Au département
du Donetz fut attribué 161.359,3 millions, ou 41,3 % du total.
de Kharkov » » 71.249,2 » » 18,2 % »
de Kiev » » 34.690,2 » » 9,0 % »
d'Ekaterinoslav » » 27.074,3 » » 7,0 % »
d'Odessa » » 21.027,8 » » 5,4 % »
d'Alexandrovsk » » 13.984,1 » » 3,6 % »
de Nikolaïev » » 14.688,4 » » 3,7 % »
de Tchernigov » » 11.288,8 » » 3,0 % »
de Poltava » » 11.010,3 » » 2,8 % »

Dans les autres départements les fonds de salaires pour décembre étaient inférieurs à 10 millions de roubles.

Les fonds attribués pour les ouvriers étaient les plus importants dans le département du Donetz (127.911,5 millions) et variaient dans les autres départements de 68,6 millions (Poltava) à 8.435,3 millions (Kharkov). Pour les travailleurs des transports les fonds étaient les plus élevés dans les départements de Kharkov (40.016 millions), Kiev (19.846,8 millions), Donetz (15.970,6 millions) et

Ekaterinoslav (19.846,8 millions) ; ils n'excédaient pas 7.650 millions dans les autres départements.

Les fonds attribués pour les employés soviétiques étaient les plus considérables dans le département de Kharkov (22.797,9 millions), Donetz (17.513,2 millions), Kiev (12.661,8 millions), Odessa (10.779,9 millions) et Ekaterinoslav (9.583 millions).

D'après ces fonds le salaire moyen d'un ouvrier industriel varie de 300.000 à 1.500.000 roubles ; pour les travailleurs des transports et pour les employés soviétiques ils varient de 240.000 à 1.200.000 roubles.

4. Les salaires des ouvriers des usines de Moscou en 1921 [1].

Salaires moyens en espèces et en nature par ouvrier et par mois.

Mois	Salaire en espèces	Salaire total (en argent et en nature)	Pourcentage du salaire en espèces par rapport au salaire total
1921	Roubles	Roubles	
Janvier	7.912	119.416	6,6
Février	9.914	117.009	8,4
Mars.	11.230	121.402	9,2
Avril	13.190	131.652	10,0
Mai	13.215	84.527	15,6
Juin	22.643	138.331	16,3
Juillet	35.781	111.794	32,0
Août.	61.958	108.238	57,2
Septembre	235.233	249.333	82,3
Octobre	434.275	481.955	90,1
Novembre	1.019.717	1.668.089	40,0
Décembre	1.450.313	2.273.660	40,0

Salaires moyens comparés au coût de la ration alimentaire.

Mois	Pourcentage du salaire par rapport à :	
	la ration journalière de 2.700 calories	la ration journalière de 3.600 calories
1921		
Janvier	66,2	44,7
Février	54,7	36,4
Mars	40,9	26,7
Avril	39,9	26,5
Mai.	22,8	14,8
Juin	30,6	21,0
Juillet	21,6	13,8
Août	23,8	12,4
Septembre.	69,2	37,4
Octobre	119,8	65,6
Novembre	281,0	162,0
Décembre	241,0	146,0

[1] *Economitcheskaia Jizn*, 13 avril 1922.

Salaires totaux moyens dans les industries métallurgiques, le textile et l'imprimerie, par ouvrier et par mois en 1921.

1921	Roubles		1921	Roubles
Avril	174.465		Septembre	478.643
Mai	146.878		Octobre	645.320
Juin	179.917		Novembre	1.287.428
Juillet	230.302		Décembre	2.818.325
Août	326.290			

5. Changement du cout des aliments consommés.

Dates	Coût de la ration d'avant - guerre en roubles au cours de la période correspondante.	Coût de la nourriture effectivement consommée		
		En roubles, d'après le cours de la période correspondante	En % du coût de la ration d'avant-guerre	En roubles, d'après le cours du rouble en 1913
1913	7,50	7,60	100,0	7,50
1914	7,62	6,60	86,5	6,50
1915	9,72	7,20	74,0	5,55
1918 Octobre	1.700	628	36,9	2,77
1919 Janvier	2.338	1.233	52,7	3,95
Juillet.	7.823	4.647	59,4	4,46
1920 Janvier	3.690	21.715	60,2	4,52
Février	42.000	24.197	57,6	4,32
Mars	54.720	38.913	71,9	5,39
Avril	54.720	37.297	68,1	5,11
Mai	60.540	40.617	67,6	5,07
Juin.	96.540	58.515	60,6	4,55
Juillet.	105.390	71.718	68,1	5,11
Août	114.510	53.295	46,6	3,50
Septembre	109.110	48.982	44,9	3,37
Octobre	126.060	53.792	42,7	3,20
Novembre	118.380	48.720	41,5	3,11
Décembre	150.010	54.795	35,2	2,65

6. Quantités moyennes des produits alimentaires effectivement consommés par les ouvriers de 1913 a 1920, par consommateur et par jour (en livres) [1].

Dates	Pain	Gruaux	Pommes de terre	Viande	Grains	Sucre [1]	Sel [1]
1913–14.	2,62	0,28	0,61	0,72	0,13	(0,16)	(0,06)
1914–15.	2,56	0,35	0,61	0,48	0,12	(0,16)	(0,06)
1915–16.	2,48	0,38	0,56	0,35	0,11	(0,16)	(0,06)
1917 Janv. et fév.	2,55	0,28	1,48	0,60	0,15	0,16	(0,06)
1918	1,91	0,033	2,41	0,40	0,040	0,036	0,09
1919 Mars. . . .	1,64	0,045	1,28	0,266	0,046	0,036	0,055
Avril . . .	1,53	0,083	1,18	0,466	0,046	0,053	0,053
Juin . . .	1,76	0,236	1,09	0,268	0,067	0,053	0,086
Juillet . . .	1,84	0,172	1,34	0,125	0,067	0,050	0,050
Décembre .	2,06	0,317	1,84	0,052	0,020	0,088	0,049
1920 Mai	2,24	0,580	1,43	0,178	0,062	0,040	0,059
Octobre . .	1,97	0,099	1,71	0,119	0,023	0,011	0,064

[1] Les quantités de sucre et de sel entre parenthèses ne faisaient pas partie des produits fournis par les artels et ne sont qu'approximatives.

[1] *Le Messager de la Statistique pour l'année 1920.*

ANNEXE VIII.

Les rapports entre les entreprises et les ouvriers.

1. LES PREMIERS RÉSULTATS DE L'ACTIVITÉ DE LA COMMISSION DES CONFLITS DU DÉPARTEMENT DE MOSCOU [1].

Cette commission a été organisée le 25 janvier 1922. La première cause a été entendue le 2 février. Jusqu'au 10 mars la Commission a examiné 47 contestations, dont 16 concernant le non-paiement des ouvriers en cas de congédiement, 3 le paiement de salaires inférieurs au tarif syndical, 5 des renvois injustifiés, 4 le refus de paiement d'indemnité pour chômage imputable à l'employeur, 3 des retenues sur les salaires, etc.

Sur toutes ces contestations il a été rendu 35 jugements en faveur des ouvriers et 2 en faveur des employeurs ; 8 conflits ont été réglés à l'amiable et 2 renvoyés pour supplément d'instruction.

La commission a siégé deux fois par semaine. Au début elle examinait au cours de chaque séance jusqu'à 12 causes. Les séances durent parfois jusqu'à neuf et dix heures du soir.

Bien que la commission n'emploie qu'un secrétaire et un comptable, les copies des jugements sont fournies le lendemain de leur prononcé et les affaires sont examinées deux ou trois jours après la plainte, sans aucun retard.

En même temps qu'on étudie la contestation il arrive souvent qu'on examine des incidents « de second ordre », tels que l'embauchage d'ouvriers en dehors du travail, le non-paiement des salaires aux femmes en couches pendant le congé établi, les infractions à la loi de huit heures, etc.

La plupart des plaintes sont adressées par les instructeurs syndicalistes, les inspecteurs du travail et la section féministe « du parti ». Les ouvriers ne portent plainte que très rarement.

Il est difficile de se faire une idée exacte de l'activité de la commission d'après des renseignements portant sur une période de six semaines, mais on peut cependant faire les remarques suivantes :

Les employeurs ont essayé de reprendre les anciennes méthodes d'exploitation. Ce n'est que récemment, grâce au travail de la commission, qu'on a remarqué un éveil de l'initiative chez les ouvriers eux-mêmes.

---

[1] D'après *Troud* (*Le Travail*), 28 mars 1922.

La commission jouit d'une autorité croissante parmi les ouvriers ;
les ouvriers non syndiqués eux-mêmes commencent à s'adresser directement à elle. En outre, quand elle confirme les décisions du syn-
cat, son jugement relève l'autorité du syndicat vis-à-vis des employeurs comme vis-à-vis des ouvriers.

Il arrive trop souvent que l'organe syndical renvoie une cause
à la commission des conflits sans avoir pris lui-même de décision,
ce qui entraîne des retards. Le cas s'est produit notamment pour
les sections départementales des ouvriers du transport local, des
chimistes et de l'alimentation. Il arrive souvent aussi que le représentant du syndicat n'est pas présent le jour où on entend la cause.
Enfin les ouvrie:s et les employeurs attendent parfois en vain
jusqu'à la fin d'une séance, ce qui engendre du mécontentement.

2. Le tribunal d'arbitrage près le syndicat des métallurgistes [1].

Voici, d'après le journal *Troud*, le compte rendu d'un procès
devant le tribunal d'arbitrage près le syndicat des métallurgistes :

Le syndicat des métallurgistes propose d'adopter pour une durée
de trois mois les tarifs déjà acceptés par vingt-deux entreprises
affermées. Les entrepreneurs ne consentent pas et proposent
de prendre comme norme des tarifs de salaires l'arrêté du Conseil
central panrusse des syndicats, publié par *Troud* dans son numéro
du 3 mars 1922 ; ils allèguent comme motif qu'ils ont assumé l'obligation vis-à-vis du Conseil suprême de l'économie nationale de
faire travailler toute l'usine ; or les salaires de février, comparativement à ceux de janvier, ont augmenté de 500 %, tandis que
la production de l'usine ne s'est accrue que de 30 % ; ils se voient
donc dans l'impossibilité de remplir leurs obligations.

Le président du tribunal réussit à convaincre les entrepreneurs
d'abandonner les tarifs acceptés par le Conseil central des syndicats,
vu qu'ils ne correspondent même pas à la ration « minima de fa-
mine » d'un ouvrier.

Les entrepreneurs proposent ensuite de prendre comme base,
pour établir le salaire d'un ouvrier de la première catégorie, non
pas la ration alimentaire proposée par le syndicat des métallurgistes, mais quelque autre unité. Ils motivent cette proposition
en invoquant la dépréciation continuelle de l'argent et l'augmentation constante des objets de première nécessité.

« Il peut arriver un moment, disent-ils, où il faudra fermer
l'usine, ou bien dire aux ouvriers : ne mangez que la moitié de ce
dont vous avez besoin, car il n'y a pas de vivres. »

Le représentant du syndicat se déclare tout à fait adversaire
de cette proposition. En réponse aux questions du président du
tribunal les entrepreneurs affirment qu'avant la guerre un ouvrier
de la 1re catégorie recevait 20 roubles par mois, ce qui est inférieur
aux tarifs proposés par le syndicat.

---

[1] D'après *Troud*, 21 mars 1922.

Finalement, les entrepreneurs acceptent d'introduire pour les ouvriers de la 1re catégorie la ration proposée par le syndicat, mais ils refusent nettement d'augmenter les tarifs des autres catégories d'ouvriers, d'après l'échelle des tarifs existants.

Le représentant du syndicat explique que les entrepreneurs, en refusant l'augmentation pour les autres catégories, introduisent une échelle de salaires que le syndicat ne peut admettre, car elle est un facteur de désorganisation des forces ouvrières.

Les entrepreneurs déclarent que « l'estomac est le même chez tous les ouvriers, quelle que soit leur catégorie ».

Ils ne protestent pas contre une certaine augmentation des salaires des catégories supérieures, mais celle proposée par le syndicat n'est admissible en aucun cas ; son application ruinerait l'entreprise.

Les représentants du syndicat exigent le maintien de l'échelle des salaires. Les entrepreneurs promettent d'élever la production et d'engager de nouveaux ouvriers (par conséquent, de donner de l'occupation aux chômeurs), si le syndicat les autorise à diminuer quelque peu les tarifs proposés par lui.

En définitive, le tribunal rend le jugement suivant :

Comme base des tarifs pour un ouvrier de la 1re catégorie, il y a lieu d'adopter la ration alimentaire proposée par le syndicat. Les salaires des ouvriers des catégories supérieures doivent être augmentés d'après l'échelle des tarifs.

Considérant que l'entreprise est en train de s'étendre, tous les tarifs proposés par le syndicat doivent être diminués de 20 %. L'accord est conclu pour la période de février à mars.

Quant aux normes de production, les parties les fixeront d'un commun accord en s'instruisant des leçons de l'expérience.

ANNEXE IX

Participation des ouvriers à l'administration de l'industrie [1].

En 1919 et en 1920, 86 % des entreprises industrielles les plus importantes étaient gérées par une seule personne.

Composition des administrations collégiales des « Glavki » [2].

Sur 140 membres des divers « collèges » furent proposés à ces postes :

Par les syndicats . . . .   76 personnes.
Par le presidium du Conseil suprême d'économie nationale .   38   »
Par les sections de production   21   »
Par les administrations diverses   3   »
Directement par le parti communiste   2   »

Sur les membres des collèges :

Etaient membres de syndicats.   166
N'appartenaient pas aux syndicats.   14

Etat social (avant la révolution) des membres des « collèges ».

État social	Personnes appartenant à chaque état social	
	Nombre	Pourcentage par rapport au total
Ouvriers.	48	26
Personnel supérieur administratif, commercial, industriel	65	35
Employés de bureau et personnel technique moyen	27	15,0
Fonctionnaires d'Etat.	8	4,4
Travailleurs professionnels et des partis politiques.	8	4,4
Hommes de science	7	4,0
Etudiants	7	4,0
Professions libérales.	6	3,2
Coopérateurs, etc	4	2,0
Militaires	4	2,0
Total	184	100 %

---

[1] *Novy Pout (La nouvelle voie)*, 21 décembre 1921.

[2] Administrations centrales des diverses branches de l'industrie.

TABLE DES MATIÈRES

DEUXIÈME PARTIE

Les conditions du travail dans l'industrie

www.ingramcontent.com/pod-product-compliance
Ingram Content Group UK Ltd.
Pitfield, Milton Keynes, MK11 3LW, UK
UKHW031838170726
13836UKWH00004B/1754